最贤的妻，最才的女

杨绛传

夏墨 著

民主与建设出版社

图书在版编目（CIP）数据

最贤的妻，最才的女：杨绛传 / 夏墨著.—北京：

民主与建设出版社，2014.8（2017.9重印）

ISBN 978-7-5139-0369-1

Ⅰ.①最… Ⅱ.①夏… Ⅲ.①杨绛-传记 Ⅳ.①K825.6

中国版本图书馆CIP数据核字（2014）第122118号

出 版 人：许久文

责任编辑：李保华

特约编辑：袁　钰　蔡荣建

出版发行：民主与建设出版社有限责任公司

电　　话：(010)59419778　　59417745

社　　址：北京市朝阳区阜通东大街融科望京中心B座601室

邮　　编：100102

印　　刷：北京欣睿虹彩印刷有限公司

版　　次：2014年8月第1版　2017年9月第11次印刷

开　　本：32

印　　张：8.25

书　　号：ISBN 978-7-5139-0369-1

定　　价：29.80元

注：如有印、装质量问题，请与出版社联系。

序一 知足而恬淡，乃常活之泓

犹记得杨绛先生在百岁生日时的感言："世界是自己的，与他人无关。"也许正是经历了百年的人生，才会如此看淡名利，也许这种心态从她成年以后就一直伴随她到老，所以才会与世无争，大隐隐于市，孤绝而知足地活到了一百余岁。

她的一百余岁，小部分是作为"女儿"的身份存在，大部分则是作为"妻子"和"母亲"的身份存在，而且她将这个"大部分"辦成好几份，又以"翻译家"、"戏剧家"和"文学家"的身份享誉于世。

作为一个从辛亥革命时期出生的女子，摆脱了宗法社会缠小脚、教育受限的传统女性的卑微命运，她是幸运的。她出生于一个开明的家庭，父亲杨荫杭留过学，对四个女儿的教育自然有着严苛要求。杨绛排行老四，却从小懂事听话，不仅学业有成，还成为父亲得力的助手——在父亲年迈之时还协助父亲完成案件卷宗的整理。这里不得不讲其所受的家教，若没有家长的支持，杨绛及其姐妹如何去学堂受教？当她们都学有所成，无论留学经年还是受国难压迫，她们都最终回到父母身边，守候并孝敬。当她自己成为人妻人母，亦将这种世袭的家风浸染于整个家庭，与钱钟书的风雨并肩、甘苦同尝是她作为妻子的本分，西方思想的灌输并未教她开化到不食人间烟火，反倒是中国那种"相夫教子"的传统规训令她执守终生。

众所周知，她是钱钟书先生的清华大学校友，是他《围城》里某个人物的原型，更是他亦师亦友、相伴终生的伴侣。两人相识于清华大学，却早已在无锡老家有过擦肩之缘。才子才女相见恨晚，相伴到英国留学，她遂成为他形影不离的伴侣和生活起居的照料者。即使后来回国，遭遇国内运动，他俩也是不离不弃，苦中求乐，不管世事如何艰险，仍保持乐观的心态。原本她可以勤勤恳恳做一名家庭主妇，也不必管家庭收入，更不必做学问写剧本，可是她在生育完孩子、相夫教子时期仍不忘个人精神上的追求，相继写出《称心如意》、《弄真成假》、《风絮》等轰动一时的戏剧作品，翻译出《小癞子》、《吉尔·布拉斯》、《堂吉诃德》等大部头的作品。这么多作品的问世，一部分源于她的高寿，但更多的是源于她独到的观察这个世界的眼光，她对创作和翻译工作的严谨作风和自我要求。本书就从杨绛的人生延宕伸展开去，将她的所见、所闻、所写都有机地融合并梳理出来，力求系统而完整地叙述这位老人的一生。

本书语言平实，笔墨写实，贴合着杨绛先生一生所为、恬淡而不事张扬的风格徐徐道来。为过世的人作传，除了从"围观"过他生前的人群中找寻话题，就是从他遗留下来的文字中找寻素材。作为普通人而言，有人替自己作传是一件何等荣幸之事，其实大多也仅留存于子女后辈的回忆当中了，就算记录下来也只是精小文章罢了。作为杨绛而言，她和钱钟书唯一的女儿钱瑗因病逝于二老前头，书写的后继者从此断绝，这是隐痛。好在杨先生达观，她将三人相依相伴、亦友亦亲的往事留在了笔墨间，化作了永恒，反过来，她成了丈夫和女儿的书写者，也是他们人生最直接的见证人。

　　感慨的是，她像是上天派遣来照顾钱钟书的使者，为他的创作和学术研究奉献自我——若钱先生是引领莘莘学子走向广阔、深远的学术殿堂的人，那杨先生便是为他全程擎着火炬和披荆斩棘之仆者。她甘愿放弃自身才学，去支持丈夫走得更远，这也是钱先生始终对她满意有加的原因之一。即使钱先生离世后，他的几麻袋的读书笔记、摘录、文章、著述全由杨绛独自整理编辑，孑然一身的她仍忘不了做善后工作，如同拿着笤帚扫去雪地里的足迹，要还一幅清亮、完美的画面给人间。书中除了对两人的婚姻、治学方面有翔实的记述，亦向读者展示了大师级人物无论在生活、写作、待人处世方面的勤勉和低调，这也是现在学界急功近利、单薄浮躁风气的最好对照，值得所有人静下心来一读。

　　百年，相较于沧海桑田，只是弹指一挥间。人生奇趣无止无尽，能像杨绛那样活得充实、恬淡、知足又不卑不亢的人，确实难得。我们既然难以亲见其面，那么就在书中领略这股精神和气蕴吧。

岳　南

2014年4月11日

序二　心有兰芷，细嗅红尘

煮一壶岁月的茶，浓香里开出一朵娴静的花。纵然年华老去，前尘往事都已成烟，她的心却一如当年，如兰芷，如静水。

她生于乱世，心里却有一份与世无争的宁静。

这就是杨绛。

百年岁月，在苍茫历史中只是弹指一挥间，但是在一个人身上却是一段非常漫长的时光。二〇一四年七月十七日，杨绛就一百〇三岁了，这位早已满头银发的老人依然头脑清醒。这一生的荣辱悲欢，在她的心里凝练成了沉甸甸的智慧。

她与钱钟书的爱情一直流传为一段佳话。沧桑岁月里，他们真正做到了"执子之手，与子偕老"。无论有多少艰难困苦，他们都携手走过，风雨同舟。他们几乎成了模范夫妻，无论是从个人爱好、志趣上看，还是从家庭背景上看，抑或从学历、成就上看，都是非常相当的。

为了支持丈夫写作长篇小说《围城》，杨绛心甘情愿地揽下了所有的家务活，并辞退了保姆以减少开支。而钱钟书对她更是赞赏有加，以至于在朋友间留下了一个"誉妻癖"的称号。

杨绛的文章正像她本人一样，乐观而宁静，智慧而婉转。她对文字的运用有着精准独到的领略，无论是在戏剧的对白里，还是在散文的写作上，都像一面静敛的湖一样平淡而意味深远,总是顺其自然，从来不会刻意地矫揉造作。而这自然的笔调里，又蕴藏着无穷的力量。

这一生，她从未停止学习的脚步。四十七岁那年，她着手翻译《堂吉诃德》。为了能更加精准地翻译这部著作，她开始学习西班牙文。历经二十年，《堂吉诃德》终于在一九七八年与广大读者见面。当西班牙国王、王后来华访问的时候，邓小平将中译本的《堂吉诃德》作为礼物赠予他们。为此，西班牙国王特意为杨绛颁发了"智慧国王阿方索十世十字勋章"，以表彰她对西班牙文化传播作出的贡献。

我们看到杨绛身上闪耀着各种荣誉的光环，而这些光环的背后，也往往藏着许多不为人知的心酸历史。

早已参透世事的杨绛说："上苍不会让所有幸福集中到某个人身上，得到爱情未必拥有金钱；拥有金钱未必得到快乐；得到快乐未必拥有健康；拥有健康未必一切都会如愿以偿。"没有人是完美的，人生一世，也有很多东西是不可能兼得的。

曾经艰难的岁月，她都坚强而勇敢地走过来了。

荣耀也好，羞辱也罢，她总能保持一颗宁静的心。

走过韶华胜极的岁月，走过沧海桑田的人生，她的心已经静如止水。女儿和丈夫的相继离世给了她巨大的打击，但她依然坚强地走了过来。余生里，她一个人在这苍茫尘世踽踽独行，一个人怀念曾经的"我们仨"，一个人整理尘封的记忆，一个人向着沉沉斜阳，坚守最初的信念。

人生倥偬，拥有过便是幸福。纵然走到了人生的边上，杨绛依然不卑不亢地生活着。百年的时光铸就了中国文坛的一个佳话，也铸就了浩瀚历史中一段不朽的传奇。

【目录】

I

思无邪 · 书香萦绕的童年

时光张开翅膀，载着一位老人的历史，飞向远方。这百年的往事，都化成了和煦的风，裹挟着生命的能量，盘旋在人们的心上。为了一份敬畏，为了得到精神的滋养，所以，我们愿意静下心来，虔诚地追寻杨绛先生的过往。

　　那一年，她的生命开始在杨家，她有儒雅的父亲，有温柔的母亲，有可爱的兄弟姐妹。这个"寒素人家"，却装着满满的幸福，他们相亲相爱，把幸福化作力量，去抵御疾病和岁月的动荡。

　　命运给这一家设下重重考验，幼时辗转多地，父亲的事业 "跌宕起伏"，死神差一点"意外到访"，学校更是换了又换，这些都成了杨绛心中难以抹去的记忆，像少时背诵的第一首古诗一样，深深地存在脑海中，陪伴着她。

生于寒素人家

清晨的阳光照在窗口，树枝的光影在窗台上摇曳，时光很好，风也很好，树上的喜鹊已经筑完了巢，几只幼崽在巢里张着嘴，稚嫩地叫着，两只做了父母的喜鹊在欢喜地飞来飞去，一位百岁的老人在出神地看着、思考着，时间都去哪儿了？

生命的初始和凋落像是一个圆，人的一生便是沿着这圆在行走，循着一个轮回，寻找生命最初的足迹。我们用虔诚的姿势，探寻这位老人的一生，欣赏属于她的沿途的风景，不敢贪心逗留，只盼岁月温柔待她，一切安好。

杨绛出生在江苏无锡，一个四季风景如画的地方，江南女子，天生婉约。在那个时代，杨绛家算是知识分子家庭，她说那是个"寒素人家"。

杨绛的父亲叫杨荫杭，字补塘，又名虎头，笔名老圃，是当时十分著名的律师，曾先后考入北洋公学、南洋公学，后留学到美国、日本，取得宾夕法尼亚大学法学硕士，创办过无锡励志学社和上海律师公会。担任过上海《申报》编辑，学而优则仕，担任过江苏省高等审判厅厅长、浙江省高等审判厅厅长等职。

杨父一生有两部有名的著作——《名学》和《逻辑学》，流传后世。几年前，有人与杨绛聊到当今社会腐败成风，她拿出她父亲杨荫杭先生写于一九二一年的文章《说俭》，文中说："奢靡是君主政体、贵族政体的精神追求。而共和之精神，则力求俭朴，'孟德斯鸠论共和国民之道德，三致意于俭，非故作老生常谈也'，决不能'生活程度高而人格卑'！社会风气奢靡，会直接加剧贪污腐败、以权谋私的歪风邪气！"几十年前的文章，如今读起来依然让人肃然起敬。

杨荫杭是个一辈子刚正不阿的清末民初知识分子。在杨绛回忆父亲的书里，她把父亲描述成一直坚守自己人生信条的"包公"，为了自己的信念坚持到最后。

父亲于一八九五年考入北洋大学堂，学习十分努力，却中途被除名，不是因为他做了什么出格的事情，是因为当时的一些学生闹学潮，遭到了当时"洋人"的镇压，一个领头的广东人被学校开除了。

这件事震慑了其他参与的人，大家纷纷退后，杨荫杭看着这些人被吓得缩了头，站了出来说"还有我"，就被一起除名了，但事实上杨荫杭并没有参与，他只是看不过大家被"洋人"吓得那个样子。

那时，杨荫杭的父亲过世，母亲一个人支撑着生活，当时进入的北洋大学堂是公费学校，这点对于这个家庭来说是十分难得的。后来他转入了南洋公学，随后因各方面的优秀表现，被选去日本留学。克服了语言上的障碍，杨荫杭和同在日本留学的几个同学一起创办了留日学生自办的第一份杂志《译书汇编》，专门翻译当时欧美政法方面的著作，在当时的留学生圈内引起了很大的反响。

最终杨荫杭获得了日本早稻田大学法学学士学位，然后留学美国宾夕法尼亚大学，论文还被收入在《宾夕法尼亚大学法学丛书》第一辑中。虽然父亲从来没有提过这件事，却被细心的女婿钱钟书发现，并告知杨绛，后来杨绛还托了朋友在宾夕法尼亚大学里寻找这本书，果真被她找到了，影印下来收藏。

开阔的眼光和不停的游历，让杨荫杭有了新的意识和想法，接触到的西方社会观念，让他对当时的中国产生了自己的"立宪梦"，无奈当时的社会大背景，让这个梦早早破碎，但他却没有放弃自己的人生方向。

父母之命、媒妁之言，是那个年代的符号。杨荫杭与唐家小姐订婚自然也是很早的，那时的两个人只有十二岁。

母亲唐须嫈也是无锡人，在上海女子中学务本女中上过学，是当时少有的知识女性了，身上有着中国传统女性的所有优点，贤良淑德，长得也很漂亮，典型的南方女子，皮肤白皙，性格温雅，做什么都是稳稳当当，从不会急躁。结婚后便在家中安静地相夫教子，很少出去。

有闲暇的时候，母亲也会看书，她喜欢看《缀白裘》，看到高兴处还会开心地笑。还喜欢看《石头记》、《聊斋志异》这类经典小说，也会看当下一些新体小说，大体都喜欢。一次，她无意中看到了绿漪女士写的《绿天》，就跟杨绛说："这个人也学着苏梅的调儿。"当时作者用的是笔名，她却能读出其中的韵调，杨绛对此佩服不已。还有她看了冰心的作品后评价说：她是名牌女作家，但不如谁谁谁……杨绛觉得母亲在文学上的很多见解都十分恰当。

在杨绛的记忆中，那些童年里的歌谣，都是母亲教的，细声慢语，成了记忆里内容模糊却感觉温暖的调调。母亲总有很多家务要做，似乎有干不完的事情，所以很少哄着孩子们一起玩。

在这样的家庭背景下，杨绛于一九一一年七月十七日来到这个世界上，她出生在北京，一个租来的院子里，排行老四，原本的名字是杨季康。家里人都宠着这个小小的女孩，她还有个昵称叫阿季，杨绛是她的笔名，用这个笔名署名的作品问世后，杨绛这个名字就似乎成了她的本名一样，被大家熟知。

父母年纪相仿，又都是有知识有修养的人，在杨绛的记忆中，两个人从没吵过架，算得上是举案齐眉、相敬如宾，这种平静的家庭氛围，为杨绛提供了一个平和的成长环境，在那个时代，这是难能可贵的，而父母的相处方式，无疑也在杨绛的心中成为了榜样。

杨绛的父母关系十分融洽，这直接影响到家中孩子的性格发展。杨家八个孩子，杨绛第四，上面三个姐姐，下面两个弟弟和两个妹妹。杨家的教育方式是比较成功的，杨荫杭并没有太限制孩子本身的个性，而每个孩子都出落得很优秀。叶圣陶曾说："九如巷张家的四个才女，谁娶了她们都会幸福一辈子。"（苏州九如巷张家是豪门望族，张家四姐妹的曾祖父是晚清名臣张树声，安徽合肥人，淮军二号人物。）杨绛说，我们姐妹个个都对自己的丈夫很好，但我们都不如母亲对父亲那样细致耐心。

母亲有个习惯，就是每晚记账，可总是记不起有些怎么花的，父亲就夺过笔来，写"糊涂账"，不许她多费心思了。但据父亲说，母亲虽然记不明白小账目，但每月寄回无锡大家庭的家用，一辈子没错过一天。

杨绛是杨荫杭从美国留学归来后的第一个孩子，成了他的心头宝贝。杨荫杭喜欢吃冰激凌，杨绛出生那年他买了个可以自己做冰激凌的桶，她出生那天父亲做了一桶冰激凌，给她在小嘴唇上点了那么一小点，家人回忆说，小嘴都冻紫了，还是使劲地吧嗒着滋味，香得陶醉呢！

父亲总笑杨绛是"猫以矮脚短身者为良"。因为杨绛生下来的时候就小小的一个，需要他两只手靠得很近才能很好地抱起，长大了之后也是姐妹中最矮的，也是最讨大人喜欢的一个。

杨绛出生的时候，赶上了著名的辛亥革命，中国酝酿着巨大的改变。当时，父亲杨荫杭在江苏省高等审判厅做厅长，后被调至浙江省的审判厅，住在了杭州。因为刚正不阿的工作方式，得罪了当时的省长屈映光，此人到袁世凯面前"奏了一本"。恰巧的是当时袁世凯的机要秘书张一麐是杨荫杭留学时候的好友，在袁世凯面前力荐杨荫杭，袁世凯还亲笔写了四个字"此是好人"的批示，这事才算过去，杨荫杭随后又调到了北京。

这次到北京，四岁的杨绛第一次见到了满族人，也第一次见到了满族的服装和发饰，因为当时全家租住在北京东城，房东便是个满族人。

房东是梳"板板头"，穿着旗袍，脚上蹬着高底鞋的满族妇女。之前她只见识过上海女人的高跟鞋，她们的鞋跟在脚后跟，而房东的鞋跟在鞋底的正中央，这种鞋也叫"花盆底"鞋或者"马蹄底"鞋。中间的木底多厚的都有，十厘米左右的多见，还有二十多厘米的。穿着这种鞋的满族女子走起路来摇曳生姿，还高挑了许多，杨绛没穿过，充满了好奇。有一次，父亲问杨绛："你长大了要不要穿这种高底鞋？"杨绛仔细地琢磨了一会儿说："要！"

辗转多地，大姐、二姐留在上海上学，三姐在无锡老家，杨绛成了唯一跟着父母生活的孩子。五岁的时候，杨绛走入了学堂，她的三姑母杨荫榆也在这所学校里工作。因为杨绛聪明机灵，很多人都喜欢她，在女高师学生的聚会上，她们还叫杨绛扮花神，身上、脸上都是花，她也像朵灿烂的花一样，笑得那样开心，笑声飘荡好远好远。

杨绛在《回忆我的姑母》中，回忆道："我还是她所喜欢的孩子呢。我记得有一次我们小学生正在饭堂吃饭，她带了几位来宾进饭堂参观。顿时全饭堂肃然，大家都专心吃饭。我背门而坐，饭碗前面掉了好些米粒儿。三姑母走过，附耳说了我一句，我赶紧把米粒儿捡在嘴里吃了。后来我在家听见三姑母和我父亲形容我们那一群小女孩儿，背后看去都和我相像，一个白脖子，两撅小短辫儿；她们看见我捡吃了米粒儿，一个个都把桌上掉的米粒儿捡来吃了。她讲的时候笑出了细酒窝儿，好像对我们那一群小学生都很喜欢似的。那时候的三姑母还一点不怪癖。"

生长在这样的家庭中，杨绛也一直受到良好的教育。她先后就读于北京女高师附小、上海启明女校、苏州振华女中，成绩都很优异。不过，小时候的她开始念书的时候比较不安分，喜欢在课堂上淘气，她喜欢玩一种吹小绒球的游戏，结果吹着吹着就笑起来，老师看到了十分生气，就让她站起来回答课文内容，谁知她竟全能准确无误地答上来，老师十分惊讶，也没有别的能说，就只好让她坐下继续听课。

安稳的生活没有持续多久。一九一七年五月间，交通部总长许世英涉嫌贪污巨款。时任京师高等检察长的杨荫杭传讯交通部总长，同时有检察官到许邸搜查证据。杨荫杭将贪污巨款的总长拘捕扣押了一个晚上。那个晚上，杨家的电话响啊响，都是上级打来的。然而，就算多少高官干预此事，铁面无情的杨荫杭也不允许保释。结果就是，次日，杨荫杭就被停职停薪了。因为父亲的薪水是一家人的经济来源，家里的生活开始紧张起来，这个时候却发生了另外一件事，坚定了杨荫杭回南方的决心。

杨绛的大姐、二姐一直在上海上学，并没有跟着来北京。那时候的她们也只是十五六岁的光景，二姐在学校感染了风寒，住进了医院。家人得知这个消息都很焦急，尤其是母亲，恨不得飞到女儿的身边。但当时赶上天津发大水，火车已经中断了，只能换乘轮船赶路。

可怜的孩子，在等到母亲的时候，已经双眼模糊，看不清母亲的面容，十分无助。她只是紧紧地拉着母亲的手，不停地哭着、哭着，哭得母亲心都碎了。姐姐中，杨绛最喜欢的就是这个二姐，小时候也唯有二姐才能哄得了她。最后上帝还是带走了这个天使，给一家人留下了最深的痛。

经历了这些变故，杨荫杭决定辞官离开北京。这座城市，带给他太多灰凉的记忆。

与生离死别擦肩而过

童年是一幅神秘的画,被悠扬的岁月染上了独特的色彩,挂在记忆的长廊里,等待回味。就算再回首时我们忘记故事里的细枝末节,却始终会记得那跳跃欢快的色彩。

时光游走到了一九一九年,杨绛人生的小船上,已经装载了八年的人生记忆,此时的她,更是天真烂漫。而此时,她平静的生活正在悄悄地发生变化。一天她在院子边上捡核桃,玩得很开心。这时三姐走过来,情绪有些低落,对她说:"别捡了,咱们要回南了。"虽然三姐的年纪也不大,但似乎明白"回南"并不是什么开心的事。她从三姐的情绪里,感觉到了什么。

杨绛曾为三姐写过一篇文章,名为《三姐姐是我"人生的启蒙老师"》,里面提到,第一个为杨绛讲述什么是"死亡"的就是三姐姐,"三姐姐一天告诉我:'有一桩可怕极了,可怕极了的事,你知道吗?'她接着说,每一个人都得死;死,你知道吗?我当然不知道,听了很害怕。三姐姐安慰我说,一个人要老了才死呢!老、病、死,我算是粗粗地都懂了。"

那段时间,家中暗涌着很多变化。平时不出门的母亲,一口气去了北京好多个出名的景区，还买了很多北京的特产备着。而平时忙碌的父亲也不去上班了，和一个朋友去山上采标本，一去就是一星期。杨绛回忆说，那次父亲的脸都被晒成了紫赤色。

杨荫杭对这些花花草草的事儿很有兴趣，做起来也相当有耐心。他会整齐地整理好，小心地做好标注，然后妥善地保存起来，表情认真又严肃，很显然乐在其中。似乎那个被停薪的厅长是个路人，自己都不认识。就这样，在持续一段时间后，最终，父亲带着一大家子人踏上了回南的征程。杨绛依稀记得，来火车站送行的人很多，也许是大家舍不得这样一位"好官"离开，毕竟动荡的局势已经让人很缺乏安全感，小小的杨绛不懂为什么会来这么多人，但是她很自豪，因为大家拥护的那个男人是自己的父亲，父亲的荣耀，就是自己的骄傲，而她亦是能感受到人们眼眸中的不舍。

火车的汽笛声响起，载着这一家老小，开始了奔波的旅程，将他们带向未来。六个孩子，在父亲母亲的看护下，下了火车，又上了轮船，终点看着是那么遥远，但是有家人的陪伴总会很安心，一家人在拖船临时搭的床上坐着，摇摇晃晃，像水中月亮。欢声笑语不断，这段路似乎变成了旅行般，孩子们被父亲逗得哈哈大笑，母亲坐在一边安静地看着，她一直那样安静。

在船上漂了很久，大家都有些晕船的不适反应，孩子们却没有因此扫了兴，三姐说没看过海上的日出，让杨绛叫醒她去看。可最后还是三姐叫醒的杨绛，这样她们才看了人生第一次的海上日出。太阳缓慢地冲出海平线的时候，似乎没有任何事情能够阻止它发光发热，而无论生活遭遇了什么，太阳都是会照常升起，照样温暖万物。日出的光，温柔地铺在她们稚嫩的脸颊上，让两个小姐妹一阵欢喜。

回到无锡老家,一家人已经筋疲力尽,海上的颠簸让所有人都很想尽快安稳下来。父亲决定不回家中的老屋,去新找一个地方用来安家。

有的时候,缘分就是兜兜转转,你依然在这里。他们找房子的时候,一位亲戚介绍了一个房子,父母独带着杨绛去看。那个房子当时住的不是别人,正是后来杨绛的丈夫钱钟书一家。当时的两家并不认识,两个孩子自然也是不认识的,在后来的对话中,两人才发现原来多年前就已经有了擦肩的缘分。

父亲没有选择这座房子,因为一位女士告诉他们,从住进这座房子她一直在生病,没有彻底康复过。后来钱钟书猜测,说这个话的可能是他的婶婶。世界就是这般奇妙,一切似乎也都是早有安排。

最后,杨荫杭选择了沙巷的一处宅子,但是前后算起来也只是住了半年的光景。时间不长,却给杨绛留下了不能抹去的回忆。

这个房子有着跟北京完全不一样的景致,北京的高墙青瓦在这个温婉的城市是很少能见到的,而这里的小桥流水也是北京不具有的。在自家的院子里站着,便可以看船来船往,像是住进了画里,杨绛对这个有兴趣极了。

父亲很喜欢吃当地的"炝虾",就是在家附近河里直接打捞上来的小活虾,简单地洗一下,酱料简单一淋,再扣一会儿就直接吃,家里人都很喜欢这种类似生鲜料理的食物,唯独杨绛不喜欢,她看着还一跳一跳的小虾,实在提不起兴趣。

住了一段时间后,家里人陆续开始感到不舒服,除了杨绛之外,其他人都生病了,父亲病症最严重。之前也有人说过,这座房子之前的几个住客都得了伤寒,也怕是吃了太多生虾,经过简单的治疗,其他人慢慢康复,唯独父亲没有好转,家人开始担心杨荫杭的身体。

　　父亲是留过洋的人，认为西医才能治疗自己的毛病，无奈当时的无锡只有一个西医，设备设施也不全，只能取了血和大便，送到上海化验，拿到化验结果已经一周过去了，父亲身体越来越虚弱，检查结果却没有确诊什么。

　　看着病情日益严重的丈夫，又想到之前不幸离开的二女儿，杨绛的母亲担心起来，只得自作主张找了中医过来看。中医来过，只是一搭脉便告诉家人是伤寒没错了，而且拒绝给杨荫杭开药，言下之意已经无法挽回了。

　　一切来得很突然，似乎一下天都倾斜了。后来杨绛回忆，那几天好多亲戚也都连夜来看父亲，家里的灯一直亮着，人来人往，每个人脸上都挂着一样的表情，一样的叹气，似乎要发生大事一样。

　　这时候的杨荫杭已经意识模糊，持续地发烧，一直说着胡话。他是一家之主，是顶梁柱，也要负担家族中其他一些没有经济来源的亲戚生活，他垮了，整个家就垮了。

　　母亲唐须嫈不愿就这样放弃自己的丈夫，便前去请杨荫杭的故友华实甫先生。他是一位很优秀的中医，唐须嫈觉得，如果他也救不了杨荫杭，那就是命了。

　　华先生来的时候，仔细地看了看杨荫杭的病情，他其实也觉得没什么希望了，但他还是答应唐须嫈的要求"死马当活马医"，开了服药给他。

　　为了让杨荫杭能接受中医的治疗方法，唐须嫈费力地把开的中药都伪装成了西药的样子，把买来的西药的胶囊倒空，然后把中药塞到里面，重新扣好。为了有最好的效果，唐须嫈把自己的嫁妆珍珠也磨成了粉末给杨荫杭吃。

　　这一家人似乎得了命运的眷顾，杨荫杭的身体竟然慢慢地好了起来，从死神的手中抢回了一条命。不过杨绛觉得，父亲能够死里逃生，全是母亲的功劳，如果不是母亲坚持，如果不是母亲的悉心照顾，也许父亲真的就不在了，陪伴永远是生命的良药。

　　父亲一直以为自己是靠自己的意志挺过来的，没有人告诉他这个幸福的小秘密。

　　经历过二姐的早逝，又经历了父亲的命悬一线，小小的杨绛早早地懂了生离死别的意义，便也更懂得了家人的珍贵。她喜欢依赖在父母的身边，哪怕只是听他们说话，看他们做事，因为在她心中，大家都在才叫家。在刚搬到新家的时候，家人把杨绛和弟弟们安排到了就近的学校——大王庙小学。那是一所十分简陋的学校，就是一个叫作什么大王的庙宇改造的，大大小小也有八十多个学生，却只有两个老师，其中一个还是校长。

　　如此简陋的条件，却挡不住孩子们浪漫天真的天性，孩子们被分成四个年级，因为老师不够用，所以就算分了年级，也是在一起上课的。

　　对于这一个校长一个老师的组合，杨绛记忆深刻。老师本姓孙，具体叫什么已经没有印象，却清楚地记得同学给他起的外号"孙光头"，手里总是拎着个教鞭，从教室这边踱到那边，再从那边踱到这边，最爱的就是拿着手中的教鞭打学生的脑袋。

　　在杨绛的记忆中，同学们几乎被打了个遍，单单这几个杨家的孩子没有此般"待遇"，可能是因为这是北京回来的娃娃吧，真正的原因已经无从考究了。他打头的这般威风却没有跟他的学识一致，一次教科书上一段字是这样的："子曰：父母之年，不可不知也……"他讲出来的"子曰"是"儿子说"，今日想起来，真是好笑至极。

　　校长是不打学生的，单单打过一个，就是自己的儿子，娃娃还小，开裆裤被直接扒下，大大的手印红通通地印在小屁股上，最后竟是"孙光头"劝了下来……

　　这些大王庙记忆虽然零散，但是却很鲜明地照亮了她整个童年的记忆。

　　在杨荫杭的心中，孩子都是要上学的，无论男孩女孩，而且要接受最新最好的教育。他一直认为上海启明女校教学质量很好，大女儿以优异的成绩在那里毕业，留校做了老师，说可以带三妹和四妹一起过去启明读书。

　　经历过这么多事，母亲是舍不得女儿的，尤其是小小的杨绛，一直在自己身边不曾离开。杨绛虽然人不大，心里却是明镜般的清晰，她知道，去启明上学是父亲期望的，所以她要去。

　　那天母亲问她："你打定主意了？"杨绛说："打定了。"虽然口里说着是自己的意愿，但还是哭了，眼泪静静地流。她把脸背过去，不想让母亲看到，那时的她就非常懂事，会顾及家里每个人的感受。

　　母亲准备每个孩子要带的行装，给杨绛备了一个小小的箱子，让杨绛自己决定都带些什么过去。母亲还给了她一个闪亮的银元，这是杨绛的宝贝，跟自己最喜欢的红手帕放在一起，深深地藏在衣服左边的口袋里。虽然心有不舍，她却不得不背起父亲的期望，走向自己崭新的未来。

第一颗无声的泪珠晕染成长的轨迹

每个孩子都会慢慢地成长，用属于自己的方式，终有一天会告别父母保护的翅膀，独自学会飞翔。

一九二〇年二月，杨绛来到启明，开始了另一段全新的生活。那一年金秋时节，全家人搬到了上海生活。

在后来的作品《我们仨》中，杨绛回忆了在启明上学的那段时光，描述得平静而美好。

这是一所天主教的学堂，跟大王庙比起来简直壮观，很多间教室排成一排，有花砖铺成的路，还有漂亮的草坪，最受欢迎的自然是那个大操场，那里有秋千，有跷跷板，有整座学校最多的笑声。

在这里，照顾孩子们的是修女，孩子们叫她们"姆姆"，杨绛很讨姆姆的喜欢。对于姆姆，孩子们是又怕又亲切，更有几分好奇。好奇的是姆姆的穿着，那衣服和帽子都是那样特殊，孩子们在背后经常讨论，那么高的帽子，那么厚的裙子，究竟是几个呢？

机会来了，在每年天主教徒上山瞻礼的时候，杨绛跟着上了山，本来她这么大的孩子是不被允许同行，因为她很聪明乖巧，校长特许杨绛参加，还有幸跟姆姆睡在一起，这是"侦查"的好机会，也是至高的荣誉呢，至少她一直很骄傲。

姆姆照顾所有人都上床休息了之后，才准备休息，为了不被姆姆发现自己的小心思，杨绛蜷在被子里，佯装睡着了，呼吸都放得轻轻的。后来她心满意足地知道了答案，帽子有三层，裙子也有三条，之前她们猜姆姆的裙子有七条那么多呢……

有一个姆姆，是教格致课的，格致是中国古代认识论的一个命题，指穷究事物的道理而求得知识，大致教一些自然科学、物理和化学之类的知识，格致课在每周三上。教格致课的姆姆会称呼杨绛"同康"，这是杨绛故去二姐的名字。

在家中和学校里，已经很久没人提起过"同康"这个名字了，都怕伤心起来。二姐上学的时候，学习很好，十分聪慧，很受格致课姆姆的喜欢，她看到杨绛总会想起她的"同康"，杨绛也没有纠正她，就一直这么叫着，而且她更爱这门课了。

上学的时候，学校有个特殊的假期，在每个月的第一天。这个假期还有个特殊的名字——月头礼拜。在这天，本地的学生会被父母接回家。那天回家的孩子，都会穿戴整齐，精心打扮后跟着父母兴高采烈地回家。

杨绛是少数不过这个假期的孩子之一，她心里是委屈的，她也想父母来接自己，然后跟家人待在一起。管食堂的姆姆是个细心的人儿，看着留下的孩子失落的神情，就变着法儿来逗她们开心，给她们分糖吃，在平日里这是怎样的美食呀，可是大家都还是打不起精神来。直到整个"月头礼拜"过去，同学们陆续回来了，这些留守的小鸟才快活起来。

过了几个"月头礼拜"之后的一天，大姐来找杨绛和三姐，说带她们去看父亲，当时的杨荫杭被邀请到上海的申报馆做主笔。

　　杨绛跟三姐高兴得很，大姐帮她们整理了衣服，精神抖擞地去看父亲去了，这是她上学以来第一次踏出校门。三姐妹坐了电车，又走了一会儿，才到了申报馆。

　　大病初愈的父亲，越发清瘦，杨绛紧紧地靠着父亲坐，拉着父亲的手，听父亲跟姐姐说话，心里又高兴又伤心，只念母亲也在这里多好，父女几人，聊得不亦乐乎。

　　父亲说要带大家吃大餐，以往"吃大餐"是有寓意的，就是代表犯错误了，要挨训了。这真正的大餐，杨绛是没吃过的，她还有些紧张起来。

　　杨绛不会用刀叉，就盯着看父亲怎么吃、怎么用，自己就照样儿地学来。但还是闹出了个小笑话，她不知道汤是一口气要喝完撤掉的，就一口一口地慢慢喝，中间还会吃点别的东西，一旁的服务员每次以为她喝完要撤盘子的时候，她就又喝几口，服务员来来回回好几次也没撤走杨绛手里的盘子。

　　回去的路上，这件事成了其他三个人的笑料，父亲问杨绛，吃了这么多哪个最好吃，杨绛直叫苦，光顾着学刀叉，吃的什么全然不记得滋味，只是记得冰激凌好吃了。

　　父亲一辈子行事低调，对孩子们的管教也有自己的方法。他从来不动手打骂，却也不会娇宠孩子，男孩女孩在这个家里也一律平等对待，凡事也力求能站在他们的角度来解决问题。

　　父亲的学识和经历在当时是很受尊敬的，杨绛很好奇，自己父亲在和自己一般大的时候，会是什么样子的呢？她想了好久，也想不到，索性就直接问了父亲，父亲的回答竟是："就和普通孩子一样。"习惯了低调处事的父亲，给出了一个杨绛没有想到的答案。

这样一位父亲，家里的孩子们多少有些害怕他，不敢触怒他。杨绛这样形容父亲，说他是"凝重有威"，这样一位有威望的父亲连初次见面的钱钟书也有几分望而生畏，不过后来他说"爸爸是'望之俨然，接之也温'"，让人从心而发地尊敬。

父亲很少带家眷去拜访朋友，但是有一次是姐妹们都印象深刻的，那次父亲的朋友开车专程来接杨荫杭一家。之前杨绛从来没有坐过汽车，这对她来说是极难忘的。

到了父亲朋友家，才发现难忘的不仅如此。这里阔气得很，有穿着体面的仆人，有绿树成荫的花园，还有装修别致的洋房……映入眼帘的一切都是新鲜的，一起来的姐妹三个都感到很新奇，以至于回到家中还在不住地感叹看到的一切。

她们的对话被一旁的父亲听到了，父亲只是淡淡地说了一句："生活程度不能太高的。"

父亲说话总是这样，淡淡的，却让人记忆深刻，像世上的道理本就是这样简单平淡的一样。

这句话，父亲是常挂在嘴边的，他希望孩子们也能像他一样，过着俭朴的生活，不要被繁杂的事物迷了眼，毕竟还有很多人吃不饱穿不暖。父亲是善良的，他总是严格要求自己，做一个自己想成为的"好人"。

父亲对孩子们的爱是平等的，唯独对杨绛多出来一些，有一次午饭之后，大家本来打算各自散去，父亲叫住了杨绛，说："其实我喜欢有人陪陪，只是别出声。"从那以后，杨绛就成了那个唯一留下陪父亲午休的孩子，她只安静地在一旁看书，一点声都不出，不吵父亲。

有时候父亲在一旁写东西，杨绛就在一旁看着，然后捡着父亲用了的笔去练字，她写得一手好字。她手也生得巧，剥栗子、去果皮，都做得像模像样的，连往火炉里加炭都没有声音，让姐妹们十分佩服。杨绛在四五岁的时候就很乖巧懂事，她剥了很多瓜子仁，用一个小木碗装着，给妈妈吃。

像所有妈妈一样，好吃的妈妈都会紧着孩子吃，所以平时为了哄孩子开心，妈妈都会佯装吃几粒，或者干脆就只是做个动作就代表吃了。杨绛这次仔细地看着妈妈的嘴，手紧紧地拉着妈妈，想确定妈妈是真的接受了自己的"爱的礼物"，妈妈看着杨绛忽闪的眼睛，读到了女儿的渴望，索性吃得一粒不剩，杨绛开心极了，那种快乐是那般深刻，无可替代。

杨绛前后在启明读了三年多的书，这段生活过得有滋有味，也很顺利。其中的趣事和细节，她后来也跟丈夫钱钟书多次聊起过，就连当时一位姆姆的口头禅都变成了后来《围城》里的句子。

那段生活在杨绛的成长过程中，起了重要的作用。在她少年之时，她学到了最重要的判断力和自控力，一次老师需要她帮忙去给姆姆送封信，信纸并没有密封，只是简单地一折，就交给了杨绛。尚小的她自然很是好奇里面的内容的，而且打开看下又不会被发现。但是她还是管住了自己那颗好奇的心，打消了念头。

她还学到了如何去和集体接触，融入当中去生活，如何去处理人际关系之间的小摩擦，这些都是一个人成长中需要学习的内容，很高兴她在适当的时候，用一种适当的方式学习到了一些，才造就了她后来的性格，也决定了这辈子自己会是一个什么样的人。

卷二
Chapter · 02

年华浅 · 铺开学业的锦绣前程

听凭心灵的指引，她找到了自己人生路的方向。这条路既是一条成长的道路，也是一条求学的道路，路上难免有坎坷和泥泞，却因为那份坚持的信念一直保持着前进。

　　青春是最美的形容词，象征着能量和希望的共存。成长的艰辛却因为有家人的陪伴成了那回忆中的一杯美酒，让人在蒙眬中沉醉。当面对着这条路上无数个岔路口，选择则成了唯一的钥匙，带领你打开心中的疑问和未来的阻隔。杨绛的父亲是明智的，他知道正确的人生态度才是女儿最应该握在手中的武器，他一直陪伴着女儿的成长，在面对问题的时候给予一个方向、一个答案、一句鼓励。而被呵护的杨绛也像一朵含苞的蔷薇，准备好了迎接更大的风雨和更美妙的阳光。

父亲的爱是一座城

　　父爱对每个人来说意义不同，但是父爱的存在会让人拥有一种安全感，像是无论走了什么陌生的路，回头总有人在微笑着看着你、守着你。

　　小杨绛是个孝顺的孩子。每天早饭后，她会给父亲泡上一碗酽酽的盖碗茶。茶香萦绕中，杨荫杭为女儿的乖巧颇为欣慰。当他想吃水果或干果的时候，杨绛还会懂事地帮父亲削果皮或者剥干果壳。

　　在他们定居苏州的时候，十六岁的杨绛开始在苏州振华女校读中学。

　　那正是战乱频频的动荡年代，北伐战争如火如荼地进行着，学生运动也常常发生。一般时候，学生运动主要是以游行、示威、静坐或开群众大会等方式来举行的。有一次，学生会要各学校的学生上街搞宣传，也就是拿一只板凳，站在上面向路人演讲，呼吁人们开展革命。杨绛被推选上了。

　　十六岁的杨绛虽然长得还很娇小，但是已经别有一番少女的韵味了。她并不想参加这次活动，因为当时苏州常有轻薄人欺负女孩子的事情发生。

对于被推选上的学生，学校规定，如果家里不赞成，就可以不参加任何开会、游行、当代表的活动，等等。所以，这是一块很好的挡箭牌，一些不愿意参加的学生就以这个为理由来拒绝。

回家后，杨绛和父亲说起了这件事，问父亲能不能和学校说"家里不赞成"，这样就可以避免去做宣传了。

没想到，杨荫杭对女儿的请求一口回绝。他义正词严地告诉女儿："你不肯，就别去，不用借爸爸来挡。"

杨绛还是很担心："不行啊，少数得服从多数呀。"

杨荫杭继续严肃地说："该服从的就服从；你有理，也可以说。去不去由你。"

然后，他又给女儿讲了自己的一次经历。在他当江苏省高等审判厅厅长的时候，张勋闯入了北京。江苏绅士联名登报，表示对张勋的拥戴和欢迎。他的一位属下擅自把他的名字也列入其中，原以为名字既已见报，杨荫杭即使不愿意也没有办法了。但是，向来坚持己见的杨荫杭说"名器不可以假人"，马上在报上登上一条大字启事，申明自己没有欢迎。

有人批评杨荫杭"不通世故"，但这并不能改变他的性格。他对自己的观点总是非常坚持，很少会因为别人而改变什么。讲完自己的故事之后，他还对女儿说："你知道林肯说的一句话吗？Dare to say no！你敢吗？"

"敢！"小杨绛有些苦着脸说。

其实，父亲教给她的是面对困难的勇气。以家作为挡箭牌，那只是一种逃避的表现。要想真正面对这个问题，就必须正面去解决它。无论什么问题，都只有面对，才能很好地解决。一味地逃避，只会让问题越来越严重。

第二天，杨绛到学校后便坚持说："我不赞成，我不去。"这几个字看起来简单，但是要面对那么多同学、老师说出来，而且是顶着他们满怀希望的目光，是需要鼓起巨大的勇气的。

最后，杨绛果然没有去参加演讲宣传。她的理由先是被打击认为"岂有此理"，到那时没几天就成了"很有道理"。因为当时女同学上街演讲遭到一些不轨军人非礼的现象的确存在。

年少的杨绛对政治没有任何兴趣，在她以后漫长的人生路上，这也是她的一大特点。

经过这件事，杨绛懂得了面对与逃避的不同。面对问题，才有可能解决问题，而逃避问题的话，只会让问题越来越严重。父亲的教诲，在她的心中留下了深刻的印象。一句简单的"Dare to say no"为她指引了人生的航线。

很多时候，拒绝比接受更难。如果不懂得拒绝，人生路上往往会多出一些不必要的弯路。只有敢于拒绝，才能把握好人生的康庄大道。

当时高中国文老师在班上讲诗，课后让学生也效仿作诗。当时杨绛的课卷习作曾被校刊选登。《斋居书怀》："世人皆为利，扰扰如逐鹿。安得遨游此，翛然自脱俗。"老师批——"仙童好静。"

杨荫杭在对女儿的教育上总是非常尊重女儿的观点，他从来不会强迫女儿学习自己的理念，就算是女儿的功课做得不好，他也不会责备她。很多时候，他更习惯于让女儿顺其自然地成长，而不是呆板地说教或严厉地教育。

高中的时候，杨绛还不会分辨平仄声，她的父亲说，不要紧，到时候自然会懂。果然有一天，杨绛把四声都能分辨出来了。晚上，父亲踱过廊前，敲窗考她一些字的发音。女儿答对了，他会高兴地笑；答错了，同样也会高兴地笑。

正是父亲这样特别的教诲，让杨绛从小就培养了广泛的兴趣爱好，在学识上也有很深的修养。她从小就表现出了对文学的浓厚兴趣，当杨荫杭发现女儿对某本书感兴趣的时候，就会把书放在她的书桌上。但是如果杨绛长期不读，书就会被收回。这相当于一种谴责，即便父亲什么都没说，但是杨绛心里会非常难过。那种无声的谴责简直比一顿打骂还要让她难受。

父亲的爱是一座城，筑起了杨绛心中的温暖，让她从小得到良好的教诲，不仅学到了知识，更明白了做人的道理。漫漫人生路，这些珍贵的精神财富将让她终生受用。

"看"章太炎先生谈掌故

每个人的中学时代都会有那么一两件刻骨铭心的事，可能是一个极大的荣耀，但也可能是一段令人啼笑皆非的故事。

在杨绛读高中的时候曾经上过一次报。但这次可不是因为她获得了什么荣誉，而是因为一件让人哭笑不得的事。那件事给她留下了深刻的印象，一九九八年，她还特意把这件事写成文章发表出来，这就是很多杂志都刊登过的《"看"章太炎先生谈掌故》。

杨绛回忆："大约是一九二六年，我上高中一二年级的暑假期间，我校教务长王佩诤先生办了一个'平旦学社'（我不清楚是否是他主办），每星期邀请名人讲学。"

杨绛也参加了学社的活动。但是多年后想起，关于谁讲了什么却都记不得了，只对"章太炎先生谈掌故一事，至今记忆犹新"。

王佩诤先生事先叮嘱杨绛，让她做记录。天真的杨绛以为做记录就是做笔记，想到听大学者讲学，做笔记自然是理所应当的，便一口答应下来。

讲学的地点在苏州青年大会礼堂。杨绛的大姐也要去听讲，姐妹俩便约好一起去。但是临行前，杨绛的姐姐又是换衣服又是换鞋，耽误了一些时间，杨绛也只好耐心等待。等她们匆匆忙忙赶到礼堂的时候，讲学早就开始了。整个礼堂挤满了人，不仅早就没有了空座，就连贴着墙的地方和座位间的空隙里都塞满了小凳子，坐满了黑压压的人。

看到这样的场景，杨绛只好准备挤进去了。她刚看好有一处人稍微少些的地方，准备挤过去，等待多时的会场工作人员就赶紧叫她过去，让她上台——原来，记录人员的座位是在台上的。

杨绛看了一下台上的格局：章太炎先生正在谈着他的掌故，在他的左侧有三个座位，三个人已经开始做上记录了，在他的右侧有两个座位，一位女士已经坐在靠里面的位置上了。靠台边的位置空着，显然，那是她的位置。

杨绛没有想到做记录是要上台的，看到这样的情景不禁有些胆怯，尤其是为迟到而感到很不好意思。但是已经答应了教务长，她只能硬着头皮走上台去。

那天她上身穿着一件淡湖色纱衫，下身穿着白夏布长裤，脚上穿着白鞋白袜，梳着一条又粗又短的辫子。当人们看到这个迟到的记录人员时都感到很惊诧，章太炎先生也不例外。他看了一眼这个女学生，然后又继续他的讲学了。不过这仅仅是一段小插曲。杨绛就座后，这段小插曲就像没发生一样。

为她准备的小桌子上已经摆放好了砚台、毛笔和一沓毛边纸。在讲台的左侧记录座位上一位是王佩净先生，一位是杨绛的国文老师马先生，另外一位是两位老师的老师金松岑先生，每个人一张小桌子。和杨绛挨着的那桌坐着的是金松岑先生的亲戚，是一位才貌双全的女教师。

台上，章太炎先生激情昂扬地谈着他的掌故，几位有着很深资历的教师认真做着记录，台下的听众也都聚精会神地听着，也有人拿出小本认真地做着记录。

在这样严肃而紧张的环境下，坐在台上的杨绛简直如坐针毡。面对桌子上的纸笔，杨绛心中大呼糟糕，因为那时的她毛笔字写得很不好，用她的话来说，是"出奇的拙劣"，以至于她的老师说她拿笔就像拿扫帚一样。而看到旁边的几位师长，他们都在挥笔疾书，这更让杨绛心中暗暗叫苦。不说她的拿笔姿势不规范，即便规范，也做不到像那几位师长一样写得那样潇洒自如啊！但不管怎样，既然已经坐在这里，就要做好该做的事。她磨了墨，拿起笔蘸好，准备记录了。

然而，这时候她又震惊地发现，章太炎先生的话，自己竟然一句也听不懂！她不知道章太炎先生谈的是何人何事，也不知道是从哪里开始谈起的。最重要的是，章太炎先生那一口杭州官话在杨绛听来简直像是天书，即使她忽然听到了某句家乡话，也是听不懂的，因为内容太深奥了。

多年后，杨绛不禁感慨道："掌故岂是人人能懂的！国文课上老师讲课文上的典故，我若能好好听，就够我学习的了。上课不好好听讲，倒赶来听章太炎先生谈掌故！真是典型的"名人崇拜"，也该说是无识学子的势利眼吧。"

其实无论是在什么年代，这种"名人崇拜"始终存在于人们的生活中。就像一些不喜欢体育的人却追捧体育明星，也正是这种"名人崇拜"心理在作怪。

杨绛的座位是最显眼的，她的几位老师的位置都偏后，唯独她的位置是在讲台的前面的。所以她的一举一动，讲台下面的人都看得一清二楚。作为一名记录人员，她必须要拿起笔认真记录。她专心地听，可还是一句都听不懂。

坐在台上的杨绛急坏了，她真是羡慕死了坐在里面的美女老师，她甚至想如果能坐在那个靠里面的位置上该有多好啊！而且还有外面的人挡住从台下投来的无数道利剑般的目光。

杨绛拿起笔又放下，在紧张和不安中挨着一分一秒。她在心里不停地挣扎着："怎么办？假装着乱写吧，交卷时怎么交代？况且乱写写也要写得很快才像。冒充张天师画符吧，我又从没画过符。连连地画圈圈、竖杠杠，难免给台下人识破。"翻来覆去地想，杨绛最后终于想到了一个不是办法的办法——放下笔认真听讲，什么也不记。

多年后的杨绛想起这件事，阅尽人间沧桑的她才明白，其实当年让她做记录大概只是陪伴的性质。几位老师做记录就已经足够了，再加上一名学生，这主要是走个形式罢了。但是中学时代的杨绛天真单纯，这些道理还是多年后才悟得的。

然而，即便杨绛这样认真地听，她还是一句也听不懂。她只能在心里揣摩："说的是什么人、什么事呢？"既然听不懂，她便只好发挥视觉的作用了。她使劲地看着章太炎先生，恨不得把他说的每句话都看到眼睛里去，仿佛这样就能把他的掌故记住了。

杨绛的座位离章太炎先生是最近的，虽然听不懂，但是看起来却是非常仔细的。整个礼堂里，也只有她能看得最清楚。

杨绛注意到，章太炎先生"个子小小的，穿着一件半旧的藕色绸长衫，狭长脸儿。脸色苍白，戴一副老式眼镜，左鼻孔塞着些东西"。当章太炎先生注意到这个做记录的女学生一字不记，却使劲地盯着自己看的时候一定感到非常诧异。他频频瞄一眼杨绛，或许是看看她有没有动笔，但是每一次，他都和杨绛那天真无邪的目光撞上。

杨绛观察得非常仔细。她注意到先生的鼻子里塞着小小的纸卷儿。

这不禁让她想起了以前听说的关于章太炎先生有"脑漏"病的说法，她心中暗想，塞纸卷儿是因为"脑漏"吧？脑子能漏吗？不可能吧？也许是流鼻血。但是纸卷上没有墨，因为她流鼻血的时候总是用蘸墨的棉花，因为墨有止血的作用。所以杨绛又展开了丰富的想象："也许他流的是脓？也许只是鼻涕……"

杨绛细致的观察让章太炎先生感到很不舒服。他频频转过脸看她，但是这个天真的女孩子还是在盯着看。台下的观众一定也注意到了这个迟到的女孩子高高地坐在记录席上却一字也不记，杨绛揣测着观众的心理，觉得他们一定认为自己是个怪东西。所以杨绛只看章太炎先生，台下的人却不敢看。

章太炎先生的掌故谈了有一小时，但是对于杨绛来说，却像是一个世纪那么漫长。她煎熬地挨过一分一秒，终于盼到了结束。整个过程中，杨绛都是那样坐着，没有记录一个字。最后，工作人员过来收走了她的白卷，并告诉她不要走，还有一个招待会，杨绛只好先留下来。但是当她夹在人群中不知所措的时候，没有人过问她，她也不知道自己该做些什么，甚至不知道自己算是主人还是客人，最后便趁着主人们忙着斟茶待客的时候偷偷溜掉了。

第二天，杨绛在记录席上出的洋相就见了报。新闻上说，章太炎先生谈掌故，有个女孩子上台做记录，却一字没记。

暑假开学后，大家都知道了杨绛的这件事，都拿来当笑谈。她的老师马先生点着她说："杨季康，你真笨！你不能装样儿写写吗？"但是杨绛实在是不会装样儿写，无论是少女时代的她，还是成年以后的她，始终保持着一颗谦虚、诚恳的心，无论做什么事，决不会弄虚作假。多年后的她在自己的散文里诙谐地写道："我原是去听讲的，没想到我却是高高地坐在讲台上，看章太炎先生谈掌故。"

　　这段故事沉浸在历史岁月里，算作一件刻骨铭心的往事也好，或者仅仅当作一个笑谈也罢，在年少的杨绛身上，我们能看到一种做人的理念——真实。无论是在那些泛黄的故事里，还是在时代脚步飞速前进的今天，这都是难能可贵的。

东吴大学开启命运之窗

杨家有女初长成，像是一株含苞的雏菊，充满了生命力，未曾开放香已悠远……

在振华上学的那段时间，对杨绛来说是弥足珍贵的，一大家人生活在庙堂巷，热热闹闹，人与人的距离很近，这种贴近是心灵上的。父亲也用心构建着这个家，在花园中添了很多果树，夏天的时候，大家都聚在树下乘凉，伴着袅袅清香，聊着家常。那时的杨绛已经算是个小大人儿了，还会经常跟父母讨论些事情，也会提出一些意见。父母有的时候也会接受她的建议，还愿意跟她探讨更深的东西。

杨绛说："在庙堂巷，父母姐妹兄弟在一起，生活非常悠闲、清静、丰富、温馨。庙堂巷的岁月，是我一生最回味的日子。"

母亲温婉醇厚的性格，父亲正直威严的处世态度，都在潜移默化中影响着杨绛，让她在成长的过程中吸收更多正面的东西，也是她性格的基石。

杨绛是家中第一个上大学的孩子，所以家中的所有长辈都很关心杨绛的选择，本来振华女中是六年的功课，她用了五年就学完了所有课程，遂提前毕业了一年。这一年的光景，本来是可以做更多事情的，但是后来回忆起来，杨绛却觉得不如不提前毕业了。

她本来一心想念的是清华大学的外国语文学系，在她提前毕业的那一年，虽然清华大学开始招收女生了，却没有来上海招，随后的那一年，清华大学放宽了招生，之前同班的同学好几个都考进了清华大学，杨绛却与心仪的学校失之交臂，不免感叹了，因为以她的成绩考上那里是没有问题的。但这也许就是命运的安排，谁都不知道它在下个路口给自己安排什么新的挑战。

当时杨绛考下了两所学校，一所是南京金陵女子文理学院，另一所就是苏州东吴大学。当时的社会，男女平等还不是很普遍的观念，去念女子学院，虽然闭塞，但是环境相对比较单一，也安全些。大家建议她去东吴，男女同学一起上课，气氛也活跃些，还可以认识更多的朋友，开阔眼界，所以最后她选择了东吴，也就是今天的苏州大学。

那年秋天，杨绛顺利地进入了这所大学。新的环境，新的同学，每一处景象都给杨绛以新鲜的感觉。这美好的大学时代开启着杨绛一生的命运之窗，她的传奇，在这锦瑟华年中一点点铺陈开来。

那时候，学校的女生并不多，因为女生宿舍还没有建好，女生便住在一栋小洋楼里，那本是一位美国教授的住宅。依当时的条件看，学校所提供的住宿条件已经是非常优越了。

杨绛第一年住在楼上朝南的一个大房间里，四五个女孩子住在一起。第二年的下学期，她和另外一个女孩子被分配到一间小屋子里。她们是中学的同班朋友，杨绛叫她淑姐。两个女孩子清清静静地住在一起，非常称心满意。

这个小房间本是美国教授家里男仆的卧室。窗户朝东，向窗外能看见茂密的花木，窗纱上爬着常青藤。房间小而阴暗，却非常幽静。门在房间的背面，对着后楼梯半中间的平台。小小的房间里只有一张桌子、两把凳子和两张分开平行放置的小床。

房间的门总是关不上，需要用力地抬一下才能关上。不过这反倒方便了很多，随手一带，门的下部就卡住了，推一下或者拉一下门就开了，开门或者关门都是毫无声息的，这样不会打扰到别人。钥匙孔里插着一把很旧的铜钥匙。但是因为门不好关，锁起来也很费事，需要先把门抬起来关严，才能转动钥匙。所以她们很少锁门，即便是晚上睡觉也只是把门带上，以免门被风吹开。

东吴大学于一九〇〇年在苏州成立，是一所教会学校。学校的办学理念、教学思想等在当时的时代是非常进步的，学校不仅重视对学生知识文化的教学，还很重视对学生的体育锻炼。杨绛虽然平时文文静静的，但是对体育也颇感兴趣，不过那时候学校的女生很少。她还参加了女子排球队，在她的排球技术有所长进后，还参加了比赛。

第一次比赛时对手是邻校的球队，场地就选在东吴大学的操场。那天场面很是壮观，一大群男同学跟去助威，看球赛的都是校里的同学和老朋友。轮到杨绛发球了，她用尽全身力气，握着拳头击过一球。那脱手而出的球竟似有着无穷的威力，打过去之后竟然砰然落地，没有被对方打回来。

顿时，整个赛场沸腾了，支持杨绛队的同学们高声欢呼起来，又是拍手，又是欢喜叫喊。杨绛为自己的队赢得了一分，最后，杨绛所在的球队取得了胜利。

直到多年以后，杨绛提起这件事还是兴高采烈的。每当她看到电视上的排球赛的时候，想到大学时代打过的那个关键一球，总是要忍不住对人说："我也得过一分。"

　　刚入大学校园的时候，杨绛很受大家欢迎，当时的室友趁着她睡觉的时候，这么评价她："杨季康具备男生追求女生的五个条件：（一）相貌好；（二）年纪小；（三）功课好；（四）身体健康；（五）家境好。"一旁的杨绛并没有睡实，听到大家聊这个，窘迫得不得了，只得硬硬地继续装睡下去。

　　事实上大家说得也是很有道理的。杨绛是个很讨喜的女孩，皮肤白皙像极了母亲，白里透红，还是个娃娃的时候，苏州太太见了就夸："哎哟，花色好得来。阿有人家哉。"还要给她介绍人家呢！

　　那时的杨绛极其羞涩，因为之前都在女校上学，很少跟男同学接触，还没张口说话，就已经不好意思了。还有人写了首诗说她："最是看君倚淑姊，鬓丝初乱颊初红。"诗句里的淑姊是杨绛的室友，年长她两岁，两个人总在一起出现，也就有了上面说的场景。

　　但是她不认为自己是美女，也很少在意自己的容貌，多年之后，有人要为钱钟书写传记，她还特意写信声明："我绝非美女，一中年妇女，夏志清见过我，不信去问他。情人眼里则是另一回事。"虽然她这么说，但是见过她的人都不禁称赞这位姑娘俊俏。

　　大家都说，有很多人追求这个年轻优秀的姑娘，情书不断，示好的男同学有孔门弟子"七十二人"之多，不过杨绛却说不是这样，即使有信写来，也大抵是说，你还小，当读书，不要交朋友之类的关心文字。

　　她回忆说："有些女同学晚上到阅览室去会男朋友，挤在一处喁喁谈情。我晚上常一人独坐一隅，没人来打扰。只有一次，一个同学朋友假装喝醉了，塞给我一封信。我说：'你喝酒了，醉了？——信还给你，省得你明天后悔。'这是我上东吴的第三年，很老练了。这人第二天见了我，向我赔礼，谢谢我。以后我们照常来往如朋友。我整个在东吴上学期间，没有收到一封情书。"

几年中，杨绛就如此的一个人沉醉于学习，避谈儿女私情，也许在等待某个人的出现吧。

大学时代就像一朵绚丽的花，在正值青春时妖娆绽放。尽管花期短暂，但是却会留下一生的芬芳。

才华显 · 清华园里沉淀的梦

最初的梦想，就像是树上高高挂起的果实，饱满而又红润。每个人都希望能够采摘下那一颗，并为此拼搏。一些人中途遇到了羁绊就选择了放弃，还有一些人却始终为此执着。

　　文学对于杨绛，便是那个树上的果子，从梦想萌发的那一天，它就高高地挂在那里。在追求梦想的路上，充满了困难和坎坷，她学会了隐忍，学会了坚强，学会了选择，却始终不肯妥协。梦想的果子，永远等待着这执着的胜利者，并在岁月里酝酿得越发香甜。触碰梦想那一刻固然欢喜，而这一路的追逐也将会赋予梦想非凡的意义。

决定一生的抉择

　　大学时光是美好的，各种各样的活动，让生活更加充实而丰富多彩。很快，一年的时光过去了。学校开始让他们选专业了。杨绛的老师认为她有条件读理科，尽管不是每门功课都一百分，却不偏科，每一科的成绩都很平均。

　　对于自己专业的选择，杨绛踌躇不定。选择，对于一个人一生的命运来说是多么重要啊！有时候，选择甚至比努力更重要，只有选择了正确的方向，努力才能得到效果。很多人都经历过文理科的选择，对于学文还是学理总是要经过一番激烈的思想斗争，有时候还要经过和家里的"抗争"。

　　杨绛从小是在优裕的环境中长大的，对于文理科的选择上尽管有些没主意，但她知道，这是决定一生的重要事情，决不能马虎。她开始认真地考虑自己该学什么，而她所考虑的"该"学的内容，"指最有益于人，而我自己就不是白活了一辈子。我知道这个'该'是很夸大的，所以羞于解释。"

　　绝大多数人在选择专业的时候都要和家长商量一番，杨绛也不例外。她问父亲："我该学什么？"

她的父亲杨荫杭回答说："没什么该不该，最喜欢什么，就学什么。"

很多家长在孩子的专业选择上常常是强制性的，直接像发布命令一样告诉孩子"读理科吧"、"学文科吧"，即便不是直接为子女做出选择，一般也会先提出建议，"理科好一些，以后找工作容易一些"；"文科不错，以后可以考个公务员"。

他们的建议往往在孩子心中留下了第一印象，这种第一印象会像一层细沙一般蒙住孩子本来所喜欢的专业，直到时间的风吹去这一层细沙，人生的格局已然定格，恍然大悟的时候却已经晚了。而能够像杨荫杭这样教育孩子的，告诉孩子喜欢什么就学什么的实在是少之又少。

相信杨荫杭一定和其他父母一样，在他心中为女儿选择了一个专业，但是他并没有说出来，而是让女儿自己选择。而父亲这样的教诲，成为了杨绛一生的财富。

东吴大学有两个专业是很出名的，一个是医学预科，另一个是法学预科。两个专业都是为更深一步学习做准备，前者毕业可以直接进入北京协和医学院，后者则可以进入上海东吴大学法科，都是很好的方向。

因为被南丁格尔的故事深深感动，杨绛有过学护士的想法。但是父亲给她的建议是，学护士不如学医来得更实用，又跟她讲了学医大致的内容，了解了情况的杨绛有些退缩了。

她从小性格温良，之前做生物实验的时候，趁着螃蟹还活着的时候就去了壳，观察它的心。同学们都顺利地去了蟹壳，她却下不去手，腿都有些软了，手也不听使唤。一个大学同学的父亲是名医生，她还偷偷地跟着看过一台手术，同学还笑她说："假如你晕倒，我抱你出去。"

一台手术看下来，杨绛倒是没有晕倒，但是事后的两周她都没吃过一口肉，这要是真的做了医生，估计这辈子都要吃斋了，所以最后她放弃了学医这个想法。

又因为从小看父亲工作，她也想做个女律师，像父亲一样为民做事。但是父亲知道这个想法后，还是劝她学一些自己心中真正喜欢的东西，但是她心中最真实想学的是什么呢？

面对父亲的回答，杨绛心里还是有些不踏实，她继续问道："只问自己的喜爱对吗？我喜欢文学，就学文学？爱读小说，就学小说？"

"喜欢的就是性之所近，就是自己最相宜的。"杨荫杭继续开导她。自始至终，他也没有告诉女儿自己希望她学什么。他要让女儿做出自己的选择，按照自己所喜欢的方式去生活。

杨绛一直有个文学梦，她喜欢写东西，用笔表达自己心中所想。无奈东吴当时并没有文学系，只能作罢，后来选择了政治系，提不起兴趣的她把自己大部分时间都放在图书馆，在文字的海洋中徜徉，阅读各种文学著作。

在东吴图书馆的日子，杨绛沉醉其中。对文学如饥似渴的她来说，那里像是宝藏的集中地。图书馆藏书数量十分庞大，中外名著应有尽有。在那里，杨绛如饥似渴地读着每一本书，尤其喜欢外国小说。那时候她渐渐明白，原来最喜欢的学科其实就是最容易的。她还记得中学时代背熟的古文"天下一致而百虑，同归而殊途"，但是既不能当医生治病救人，又不能当政治家治国安民，可见对于自己不感兴趣的东西，即便强行灌输到脑子里，最后也是用不着的。

东吴大学非常重视外语，图书馆里有很多书籍都是原版的英文书。在看了大量的原版政法书和文学书后，她的外语水平越来越高了。这为她以后做翻译打下了良好的基础，而在她大学期间，就翻译了不少英文的政治学论文。

就这样，看书成了杨绛的一大嗜好。有一次，她的父亲问她："阿季，三天不让你看书，你怎么样？"

杨绛毫不迟疑地答道："不好过。"

"一星期不让你看书呢？"

"一星期都白过了。"

听了女儿的回答，杨荫杭笑着说："我也这样。"

父亲对杨绛有着很深的影响。他们是父女，也是知己好友，父亲的每一句话，都深深地烙刻在杨绛的心中。父亲爱书成癖，女儿嗜书如命。每一次杨荫杭买到了好版的旧书，总要认真地把卷曲或皮损的书角粘补好，然后杨绛用白色线双线重订。杨绛知道父亲喜欢整齐，所以订书的时候只用平行的线，绝不交叉，结子绝不能外露。

有时候杨荫杭会非常忙，状子太多书记（"书"指书信，"记"指笺记，旧时的说法）没时间抄，杨绛就帮着父亲抄写。有时候，她的三姑母杨荫榆也会来找她帮忙。杨荫榆在一所中学教英语和数学，每当杨绛假期回家的时候，杨荫榆便来抓着杨绛帮她改大沓的考卷。看到杨绛做得快，总要说上一句"到底年轻人做事快"。她嫌理发店里不干净，又常常抓着杨绛帮她理发。所以每次看到杨荫榆来，杨荫杭总要和女儿说："你的好买卖来了。"

杨绛是不太喜欢这位三姑母的。杨荫杭很了解女儿，所以每次她来找杨绛帮忙，杨荫杭总是袒护着她。杨绛对父亲不仅有着一份深刻的父女情，更有着一份铭心的知己情。即便多年后想起，那份深刻的温暖依然在心中潺湲着。

学习的生活单纯又美好，快乐总是让人觉得时间过得似乎更快。在东吴上学的第三个年头，之前振华女校的校长季玉为她申请到了美国韦尔斯利女子大学的奖学金。这是一个出国深造的好机会，父母把决定权交给了杨绛，让她去决定自己的未来。

最后杨绛的决定是放弃这个机会，一则是因为奖学金只能负担学费，出国留学还需要一笔不小的花费用来负担路费和生活费，她不想增加家中的负担，毕竟一大家子的开销都压在父亲一个人的肩上，她不忍让父亲负担更多。另一则原因是她心中对未来已经有了大致的方向，她是要继续学习的，但不是去美国，而是清华大学研究院，去读她最爱的文学专业。

后来发生的一些事，让杨绛坚信自己当时的决定是正确的，她的大弟弟因为生病在一九三〇年也去世了，这对父母的打击无疑是巨大的。父母已经到了一定的年龄，已经接受不了如此大的打击，母亲甚至哭坏了眼睛。

在北京求学回来的第一个暑假，一家人在一起吃饭，父亲玩笑似的跟杨绛提起一件事："阿季，爸爸新近闹了个笑话。"那是一次开庭的过程中，全场安静等待他发言，但是过了半天，他依然开不了口，一直安静，后来只好推迟开庭。

事实上，那个时候杨荫杭是得了"小小的中风"。过去那个顶天立地的父亲不知在什么时候老了，杨绛心痛得要命，眼泪止不住地往下滴，父亲还一直安慰她，说自己已经好了。

从那次之后，父亲就不再接案子了，结束了自己半生的律师生涯。他是那样不舍，但是岁月不饶人的无奈，只有迟暮之年才能体会。当时手中有个案子还没有了结，需要写个状子，之前杨绛好多次都想帮父亲写个状子，但是父亲总担心她出错，不让她弄，就算她写了，父亲还是不放心地检查一遍，稍有不对就会严厉指责，说杨绛不用心。

但这次，父亲让杨绛来写，自己只是简单地交代了个大概，然后杨绛执笔写出来，她怕父亲看了会不满意，心里已经做了挨训的准备，可是父亲只是改了几个字，一句话都没说，就交上去了。

杨绛心里既高兴又心酸，高兴的是自己终于帮到了父亲，心酸的是这可能是父亲的最后一个案子了。杨荫杭的这个最后一个案子，在杨绛的帮助下了结了，还得到了三百元钱的酬劳，后来做了小弟读上海交通大学的学费，杨绛很高兴。

回到北京后，经过她不断的努力，学习文学的梦想又靠近了一步，一年后，她成功地考进了清华大学的研究院外文系，成为父母的骄傲。

假如收脚印，像捡鞋底那样

　　对清华大学的向往是杨绛素来就有的，那里有她文学梦的停靠站，像是灯塔为她指明方向，她才可以放心地扬帆起航。

　　当时的清华大学研究院外国语文学部和外文系的老师是共同的，只是叫作两个系名区分开，当时的教授有十多人，都是出名的学者：王文显、吴宓、朱传霖、陈福田、黄中定、黄学勤、张杰民、楼光来等人都在其中。

　　其中不能不提的就是王文显先生，他是著名的戏剧家，也是很出色的老师。他曾长时间地生活在英国，接受过英国式的教育，还获得了伦敦大学的学士。在清华大学任外文系的教授兼系主任，在他的影响下，清华大学涌现了很多话剧创作和话剧表演的人才，如洪深、石华父、李健吾、曹禺等，也包括杨绛。

　　还有另外一位老师——吴宓先生，吴宓也毕业于清华大学，后留学至弗吉尼亚大学、哈佛大学，后任清华大学外文系教授。钱钟书在上学的时候就经常受吴宓先生的教诲，杨绛也选修过吴宓的《中西诗文比较》、《翻译术》等课程，这些对后来杨绛的翻译工作有着很大的帮助。

受父亲的影响，杨绛小时候就读了很多的书，门类繁多，她倒也不偏门，什么都爱读一些。父亲午觉的时候，她就很高兴地留在书房里看书，也不愿意出去玩。

她考入了清华大学，一入学，她便赢得了梁宗岱先生的赞赏，那时候，梁先生教法语，第一堂课是听写，梁宗岱看到她的答案十分吃惊。他问她，她的法语是怎么学的，她说："自学的。"

杨绛依靠自身的文学素养和不懈努力，最终考进了清华大学研究院的外文系，而且还选修了朱自清的散文习作课，那时的朱自清已经是中文系的教授了，他的文章让人为之动容，虽然没有精彩的剧情，却让每个人都有自己的领悟，这就是散文的力量。

在当时，能上朱自清教授的课是很幸运的，大家都希望能够在老师的帮助下领悟到散文和写作的精髓，都期待着老师有什么窍门或是技巧。但是在朱老师的第一节课上，他让大家做的第一件事不是自我介绍，也不是打开课本，而是留了一个作业，写一篇名为"收脚印"的文章。

关于这个"收脚印"的词，在江南有一种解释，大概的意思就是：人死之前，都会沿着这一生走过的路再走一次，这就是收脚印了。可能是临去之前的总结和回顾之意吧。可是人都要故去了，总结出来又与谁分享呢？

这份作业，杨绛按时完成，当时的她只有二十二岁，正是年轻时，写这样一篇感悟，却一点也不青涩。作品得到了朱自清的赞赏，并推荐给了《大公报·文艺副刊》的编辑沈从文，并于一九三三年十二月三十日刊登出来，成了杨绛的处女作，作者署名为杨季康。

"每当夕阳西下，黄昏星闪闪发亮的时候，西山一抹浅绛，渐渐晕成桔红，晕成淡黄，晕成浅湖色……风是凉了，地上的影儿也淡了。幽僻处，树下，墙阴，影儿绰绰的，这就是鬼魂收脚印的时候了。

"守着一颗颗星，先后睁开倦眼。看一弯淡月，浸透黄昏，流散着水银的光。听着草里虫声，凄凉地叫破了夜的岑寂。人静了，远近的窗里，闪着一星星灯火——于是，乘着晚风，悠悠荡荡在横的、直的、曲折的道路上，徘徊着，徘徊着，从错杂的脚印中，辨认着自己的遗迹。"

这篇文章从江南的那个传说说起，跟着作者笔下的那个灵魂一起重新走了一遍人生路。让人最难忘的就是她对那背景般的夜的描写。月儿、星儿都成了陪伴灵魂去收脚印的伴儿，字字之间都是那欲去还留的不舍之情，细腻平和的文字可见笔锋力度。

文章发表之后，杨绛高兴了好长一段时间，心中一直大喊：我当作家了！

当时的《大公报》还给了她五元钱的稿费，虽然不多，却是对她文字的肯定，意义重大。这五元钱怎么分配成了个大问题，经过思考，杨绛决定四元钱用来买毛线，给母亲大人织一条围巾，剩下的一元钱买了当时很出名的天津起士林的咖啡糖。

四元钱买了两斤红色的毛线，她利用看书的时间来织围巾，然后把买好的咖啡糖裹在围巾里寄了回去。当她寒假回家的时候，问起围巾的事，才知道已经被两个妹妹给拆了，咖啡糖也偷偷吃了个光，后来三姨来家中拜访的时候，母亲让把糖拿出来吃，这才知道已经被两个孩子彻底"消灭"了。

之后朱自清先生还推荐了她的一篇小说《璐璐，不用愁！》到《大公报·文艺副刊》发表，开启了杨绛的文学写作之路。

　　《璐璐，不用愁！》是一篇短篇小说，写的就是一群年纪与当时杨绛相仿的青春少女，面对爱情的悸动和犹豫，后来还被选中由林徽因编辑的《大公报·文艺副刊小说选》中，这本书中还包含着当时很多著名作家如老舍、沈从文、李健吾等人的作品。

　　清华大学的图书馆成为杨绛发现的又一处宝藏，她还曾经专门为那里写过一篇《我爱清华图书馆》，可见她是多么钟爱那个地方。

　　在这篇描写图书馆的文章里，她不吝啬地赞美着："地，是木头铺的，没有漆，因为是软木吧？我真想摸摸软木有多软，可是怕人笑话；捺下心伺得机会，乘人不见，蹲下去摸摸地板，轻轻用指甲掐掐，原来是掐不动的木头，不是做瓶塞的软木。据说，用软木铺地，人来人往，没有脚步声。我跟她上楼，楼梯是什么样儿，我全忘了，只记得我上楼只敢轻轻走，因为走在玻璃上。"

　　她还把读书比作"串门儿"，这么温情的比喻大概也只有她能想得到吧。你看了一本书，你就是去这家串门，如果你是站在图书馆书架前随便翻阅，就好像有无数家的大门向你敞开着，邀请你来做客休息。这其中的乐趣，也只有好读书的人才能懂了。

友情是一生的财富

　　时光最好的见证便是一同走来的朋友，陪伴一直是种力量，可以照亮夜空，也可以遮风挡雨，多年以后，促膝长谈，多少曾经天大的事，如今都已云淡风轻。

　　从大王庙到清华大学，杨绛从没感觉到孤单，除了家人的陪伴，其间她交下了很多的好朋友。这些人都陪伴了她那段美好的青春岁月，回忆起来别有一番滋味。

　　在东吴上学的时候，一个叫周芬的女孩子和杨绛成了好朋友。周芬是医学系的，和杨绛很有共同话题。她个子高挑，和个子小巧的杨绛走在一起，一高一矮却总同时出现。周芬是个同样优秀的女孩，学习刻苦，生活朴素，还获得过苏州市演讲比赛第一名。

　　说起来两个人很有缘，在上大学之前就曾经见过，不过周芬没什么印象了，只是记得杨绛的父亲是她父亲的上司，两个人在北京的时候在一个地方工作。周芬的母亲还因为工作的事情，来家中找过杨绛的姑母，来的时候一手牵着一个小朋友，有一个就是周芬了。

　　学校为了保障女生的安全，也为了阻止男生女生谈朋友，所以限制大家出门的时间。男生被要求晚上四点之后可以出校门，而女生不行。

　　杨绛和周芬跟管理这件事的人争辩了许久，说这样对女生不公平。后来管理上是稍微宽松了些，一天晚上杨绛和周芬出去散步，碰到了两个当时在追求她们的男生，对方想和她们说说话，但是两个人谁也没搭茬地跑了回来，从那以后晚上就很少出去了。

　　刚开始两个人不是住在一间寝室的，后来杨绛搬到了周芬的寝室。杨绛在陌生人面前害羞，未说话先脸红，可是跟熟悉的人却是调皮捣蛋得很。那时候杨绛赖床贪睡，都让周芬给她带个馒头，而自己赖到最后才起床，有的时候时间来不及，脸都是可以不洗的，用湿毛巾随便地一抹就风风火火地冲出去了。

　　吃馒头她也能吃出自己的花样来，把馒头瓤儿吃了，馒头皮搓成细长的一条，像极了蛔虫的样子，放在周芬的笔记上，然后装作害怕的样子把本子撇出去，还大叫好可怕。周芬也怕虫子呀，吓得不敢靠前，杨绛发现得逞了，哈哈大笑，一把捉过来虫子，一口吃掉一半，周芬这才知道是她的把戏，追着她打，两个小姐妹你追我赶的，欢乐极了。

　　杨绛和周芬还有一个共同的爱好，就是音乐。杨绛会吹箫，周芬会吹笙，再加上杨绛同寝室的沈淑也会吹箫，三个人变成了个小组合，课余时间一起玩一玩，还参加过当时东吴的民乐队演出。

　　平静的学习生活一直进行到杨绛大四的那一年，一些学生在有人组织的情况下开始闹学潮，目的是让政府接受东吴大学，将当时的教会大学改为国立大学。

　　这件事情从最开始的几个人参加，后来发展到根本没有办法正常上课，连图书馆都进不去，学校内外几乎被隔绝，学校陷入瘫痪的状态。

　　校内的电话线依然被掐断，杨绛的父母并不知道学校的状况，后来还是振华女校的校长联系了杨绛的母亲，将情况告知，并劝他们把杨绛接回来。

杨绛不想把周芬一个人留在学校，尤其是这种环境下。但是学校门口把控得很严，怎么办呢？

鬼精灵的杨绛眼睛一转便有了个主意，让母亲先把两个人的书本和简单的东西随车带走，车上只有母亲一个人，学校也不会限制她的离开。而杨绛和周芬则可以轻装上阵，趁着下午四点之后允许出校门活动期间出去。

三个人按照计划行事，她们回到寝室，收拾了要带走的东西，然后静静地等到了下午四点。到了时间之后，两个人就手拉手地慢慢走到了望星桥，已经出了校门。两个人在这里稍微停了一下，因为这里是校外小吃的集中地，一方面可以观察下有没有人跟上来，一方面如果真的被发现则可以好解释，就说来买吃的便可以糊弄过去，好在没人追上来，两个人就继续"赶路"了。

接下来也都按照杨绛的小计划实施了，也勉强算顺利过关，两个人逃出了那个混乱的旋涡。

不过后来的其他同学就没那么幸运了，有的同学看到她们两个安全地离开了，也动了想走的心思，便商量着"撤退"的路线，结果只走了一半便被抓了回来，好不狼狈。

只是杨绛快到了毕业的时候，这么一直停课等下去也不是办法，所以杨绛找了人帮忙去燕京大学借读，父亲对她不太放心，说最好是几个要好的同学一同去就好了，杨绛就约了周芬和其他三个男生一同前往。

一行五人都通过了燕京大学的考试，除了杨绛其余四人都注册到了燕京大学，只有杨绛去了清华大学。周芬是唯一跟自己来的女生，刚开始的时候杨绛还有些担心周芬，心中有些愧疚，觉得是自己把周芬留在了燕京大学，但是周芬也是个开朗的女生，很快就适应了环境，开始了新的学习。

周芬是杨绛一生的好朋友，两个人的来往从未间断，一有机会两个人就会见面叙旧聊天。周芬在东吴学医期间，家道中落，负担不起学医的费用，就转学了化学，后到上海中西女校来做化学老师，后来成为全国中等教育的四大名师，也是十分优秀。

最开始同寝室的沈淑也是杨绛的好朋友，她亲切地叫她淑姐。因为住在一个房间里，所以两个人对对方的生活习惯都很了解，淑姐知道杨绛是个觉很轻的人，有点声音就会醒。但是有一次特殊的经历给大家都留下了深刻的印象，杨绛为了这件事还专门写过一篇文章。

那是一个普通的夏季傍晚，大家都参加完大考，心情顺畅地准备迎接接下来的暑假。学校的礼堂这时候安排播放美国电影，杨绛和淑姐也打算去看，但是那天放的片子杨绛不是很喜欢，半路就回去了。

到了寝室，杨绛一个人伴着昏暗的灯光睡下了，接下来就遇到了她文章里提到的"仙"。

"仙"是什么呢？搬进寝室之前，就有个同学像煞有介事地告诉她们这个房间传说有"仙"呢！有人说是个如花似玉的美人，有人说是白胡子的老头，还有人说分是谁看到的，男人看到的就是女人，女人看到的就是男人，神乎其神……

这个说法杨绛当时并没有太在意，当作同学之间的打趣罢了。电影放完，淑姐跟其他的同学回到宿舍，结果推门就推不开了，淑姐轻轻地敲了敲门，没人应答，她怕是杨绛睡了，就又提高了声音叫杨绛开门，还是没人应声。

好几个人等在门口，淑姐只好狠狠地拍着门，大声地叫杨绛，还是没人应门。门口聚的人越来越多，大家也纷纷加入叫门的行列，都有人上脚踹门了，但是依然没人回答。

这下淑姐有些急了，平时的杨绛稍稍有些声音就醒了，今天这是怎么了？大家纷纷猜测发生了什么，有人竟然怀疑杨绛是不是在里面自杀了，还有人提供依据，说之前杨绛做化学实验的时候说过，谁要是想自杀，试管里的砒霜随便偷点就可以了，谁也不知道。淑姐越想越怕，赶忙叫人去找人帮忙撬门。

就在这个节骨眼，杨绛醒了，听见门外十分嘈杂，不知道发生了什么，还以为是失火了，赶忙下床去开门，但是一拽门，门却没开，杨绛回忆了一下，自己也没锁门啊，怎么拽不开呢？后来果真用钥匙开了一下，门才打开。

当她一脸茫然地出现在大家面前的时候，大家也都茫然了，所有人都不知道发生了什么，杨绛也不知道发生了什么，她明明记得没有锁门。后来另外一个同学帮她回忆，她确实没有锁门，因为那个同学路过她寝室，看到门只是虚掩着的，本来以为记忆模糊的杨绛再一次糊涂了，到底发生了什么不得而知，也许是真的遇到"仙"了吧。

后来杨绛回忆起来这件事，依然很不解，自己一辈子从来没有睡过那么沉的时候，即使再疲惫，也没有那样过了。

杨绛的朋友也不限于中国人，在东吴期间，杨绛还结交了一个外国朋友陶乐珊。她来自美国，和杨绛同岁，上课的时候，两个人经常坐在一起，在老师看不到的时候搞些小动作，连校长的课她们也没"放过"。

感恩节的时候，陶乐珊邀请杨绛去家中做客，毕竟是西方节日，她家很重视，杨绛还吃到了她妈妈亲手做的南瓜饼，赞不绝口，还有家中自制的巧克力，杨绛回忆说，就是太甜了，不敢多吃。陶乐珊的父亲是一名外科主任，带杨绛看手术的就是她的父亲了。

她就这样，和好友们互相陪伴彼此一段岁月，虽然她们终将面对离别，走向各自的人生，但是真挚的友情，美好的回忆，却会温暖彼此的人生。

卷四
Chapter · 04

相思扣 · 浸在岁月里的爱情甜酿

自古以来，爱情总是裹挟着诗意，"执子之手，与子偕老"，"关关雎鸠，在河之洲"，千百年来，人们为爱情而高歌。

　　爱是人生的使命，两个相爱的灵魂，靠在一起，才是完美的"团团圆圆"。每个人的爱情之路也不尽相同，却都是"月老"一手操办的好戏，有的人兜兜转转"众里寻他千百度"，有的人站在那里，只需要准备好微笑。月老是偏爱杨绛的，因为早早地就把那条红线缠在了她的脚上，月老更是偏爱钱钟书的，因为为他准备的是一段不止"白头偕老"的感动和一段只属于他们两个人的故事。

月老系下的红线

缘分天注定，一句话似乎解释了一切巧合。

缘分捏合相遇，让大千世界里原本陌生的两个人，走在了一起，开始一段爱的故事。有的人在爱里留下遗憾，有的人在爱里学会珍惜，有的人在爱里饮尽了痛苦，有的人在爱里收获幸福……每个人，都无法拒绝爱的魔力。

杨绛的爱情，也将在一个相遇的故事里，缓缓开场。

这一年，青春的杨绛和同学一行五人北上求学，到了燕京大学先参加了入学的资格考试。考过之后，杨绛想去清华大学看望老朋友蒋恩钿，恰巧一同来的孔令衔在清华大学有一个表兄，所以两个人一同前往。到了清华大学两个人就各寻方向了。而这一行，却为杨绛开启了今生的缘分。

蒋恩钿见到杨绛欢喜得不得了，一番交谈下来知道她是来北京求学的，便问她为什么不来清华大学，杨绛原本就是很喜欢清华大学的，但是一同来的同学朋友都选择了在燕京大学继续学习，而且相关的申请手续已经办理得差不多了。蒋恩钿让杨绛再好好想想，并把清华大学的情况大致地讲给了杨绛听。

相聚过后，孙令衔去古月堂找杨绛，他的表兄陪着他过来，见面之后孙令衔简单地介绍了一下："这是杨季康。"又指了下表兄："这是我表兄钱钟书。"这便是他们第一次相见。

古月堂是清华大学女生宿舍，入夜时，古月堂前常常站着等女友的男生，他们把"约会"戏谑为"去胡堂走走"。那时候的清华大学同现在并无二致，男多女少，女生都是被宠爱的。古月堂不设会客室，男生们便都立在门口，无论春冬，无论寒暑，古月堂前总能看到一两个焦灼的身影，眼巴巴地盯着大门，盼着那一位千呼万唤始出来。

若干年前，杨绛的父母带着杨绛到钱钟书家看房子，两个人并不认识，若没有缘，可能这一生都不会再见。若干年后，朋友带着钱钟书出现在杨绛面前，波澜不惊地相视一笑，只可说是月老许久前在两人脚踝拴住了红线，只怕两个人在茫茫人海中迷失了方向，寻不到对方吧！

两个青涩少年，在这次相遇之前都没有谈过恋爱，虽然见面几乎没说过一句话，却像心中一下子就有了一个人影出现，再也不能忘记。

蒋恩钿帮着杨绛弄好了来清华大学读书的手续，还把自己的寝室床位让给杨绛住，一切都顺利地办理好了。

后来，杨绛和钱钟书都跟孙令衔打听过对方，但是孙令衔告诉杨绛，钱钟书已经订婚了，而告诉钱钟书的是，杨绛有男朋友了。

这也不是孙令衔信口胡说，也属事出有因。先说杨绛，孔令衔口中杨绛的"男朋友"是费孝通，两个人相识多年。

费孝通从小矮小瘦弱，但十分聪明。一九二〇年随家中搬至苏州居住，母亲与当时苏州振华女校的校长王季玉是好朋友，便想到让儿子去那里读书。

刚开始费孝通死活不去那里，因为那里是女校，他怕同学们会笑他。但是母亲十分严厉地通知他，并不是与他商量，所以最后费孝通成了女校当时唯一的男生。

当时他与杨绛同班级，学习成绩优异的杨绛吸引了这个新来的小小少年。当时只是少年萌发的好感，并没有表明。后来两个人又同时考到了东吴大学，优秀的杨绛吸引了学校许多男生的目光，而费孝通的感觉也发生了微妙的变化，有一次，他当着追求杨绛的男同学宣布："我跟杨季康是老同学了，早就跟她认识，你们追她，得走我的门路。"

后来他开始主动地追求杨绛，周围的人以为他们已经在交往了，因为两个人认识多年，而且条件相当，所以没有理由不在一起。但事实上，杨绛从来没有承认过这件事。

与钱钟书的相遇，让杨绛有了心动的感觉，连家人都说这场感情是天定的，说："阿季的脚下拴着月下老人的红丝呢，所以心心念念只想考清华。"

再说钱钟书订婚的事，孙令衔有一个远方的姑妈，人称叶姑太太，跟钱钟书订婚的，就是叶姑太太的养女，名字叫叶崇范。之前叶姑太太很中意钱钟书的学识，有意就招了做女婿，钱家也同意这门亲事，唯独钱钟书本人一直不同意。

与杨绛见面之后，钱钟书就不能忘记那个出现的女孩，即使听说了她有"男朋友"，还是想约她出来当面说明这件事，之后就写了封信，约了杨绛来工字厅见面。

见面第一句话，钱钟书就说："我没有订婚。"杨绛说："我没有男朋友。"两句话，消除了两人之前所有的顾虑，也开启了新的人生。

有人问杨绛，当时对钱钟书是不是"一见钟情"呢？她是这样回答的："人世间也许有一见倾心之事，但我无此经历。"

其实杨绛在见钱钟书之前早就对他有所耳闻，在清华大学上学的好友蒋恩钿给她写信的时候，常提起同班的这个才子，说他既聪明又有才华，赞不绝口。

那时的钱钟书确实十分有名，说是名满清华大学也不为过。钱钟书报考清华大学外文系，中、英文两科成绩非常好，但数学只考了十五分。本来不符合录取要求的，校长罗家伦爱才，破格录取了他，他入学后学业十分好，写起文章纵横捭阖，臧否人物口没遮拦。连老师都不把他当作学生，还经常与他讨论课题，这一切都因他的才华和他博览群书的文化底蕴，他在《清华周刊》发表过不少文章，这样的钱钟书在杨绛心中还有那么几分神秘呢。

后来杨绛回忆起第一次在古月堂见钱钟书时候的情形，她形容他是"蔚然而深秀"，身着青布大褂，瘦瘦高高，厚底布鞋，黑框眼镜，标准的书生模样。

对于和钱钟书订婚的"叶小姐"她也认识，之前都是在启明上的学。杨绛听大姐和三姐都提起过她，说她相貌不错，淘气爱惹祸，食量很大，一顿能吃很多东西，一次她的养母叶姑太太去买东西，让她小坐等候，那段时间她居然吃了超级多的冰淇淋，结果吃病倒了。因为食量大，得了个绰号"饭桶"，这跟她的名字"崇范"倒过来的读音相似，大家就都叫开了。

她还总喜欢做一些出格的事情，比如，打扮成男孩子的样子，偷跑出学校，骑着自行车四处逛，玩够了才回学校。

杨绛根据对这两个人的印象，觉得这个淘气的叶小姐不适合那个文弱的钱先生。

至于钱钟书对杨绛的第一印象，他们的女儿钱瑗问过父亲，那时杨绛去了国外访问，只有父女两人在家，钱瑗对这件事好奇许久，好不容易逮到了机会，就问："爸爸，咱俩最'哥们儿'了，你倒说说，你是个近视眼怎么一眼相中妈妈的？"父亲说："我觉得你妈妈与众不同。"

钱瑗追问："怎么个与众不同？"父亲就不再回答了，只是笑。

钱钟书后来专门写了首诗，来纪念他们第一次见面：

缬眼容光忆见初，蔷薇新瓣浸醍醐。

不知醅洗儿时面，曾取红花和雪无。

记忆中第一次见的杨绛脸面白洁红润，脸如春花，清雅脱俗，犹如蔷薇新瓣浸醍醐，还带着一丝腼腆。杨绛后来倒是对这首诗有了另一种解释，说："钟书的诗好用典故，诗中第四句红花和雪的典故来自北齐崔氏的洗儿歌，说的是春天用白雪、用红花给婴儿洗脸，希望孩子长大后脸色好看。"

两个人相约之后，两句话消除了各自的疑虑，便开始了长期的书信往来，刚开始的时候，两个人就是你介绍给我看什么书，我再介绍你看本什么书，有点像"君子之交淡如水"的意思。

那时候钱钟书写信写得很勤，几乎保证每天一封，一纸信笺，承载着萌动的爱情。那时候寄信也方便，清华大学的院内就有邮筒，信还会直接送到寝室宿舍。两个人还会约在一起在校园内走走，当时两个人还没有很熟络，所以他们不会选择情侣约会常去的小路，而是去气象台那样有着宽敞台阶的地方散步。他们就这样平静地走着，浅浅地聊着，静好的时光里，有流淌不完的幸福。

虽然钱钟书的诗很好，但是杨绛却回信不多，钱钟书问她原因，她只回答说不爱写信。钱钟书倒也没再说什么，但是心中却有些抱怨她"别后经时无只字，居然惜墨抵兼金"，后来，他写《围城》，还把这个情绪写了进去，几年念念不忘的这段往事，《围城》里的唐晓芙也不爱写信。

那时候无论是上课还是去图书馆，或者是跟好朋友在校园内散步，回到宿舍的时候，杨绛都知道有一封属于她的信静静地在等着她去开启、去阅读，那份惦念让杨绛确定，她爱上他了！

两个人确定恋爱关系之后，费孝通来清华大学找杨绛，要找她谈一谈，杨绛叫了两个好朋友一同前往。之前费孝通一直觉得自己是最适合做她男朋友的人，而且也直接表达过这层意思，他问过杨绛："我们做个朋友可以吗？"杨绛说："朋友，可以，但是朋友是目的，不是过渡；换句话说你并不是我的男朋友，我也不是你的女朋友。若要照你现在的说法，我们不妨绝交。"

后来他们并没有绝交，还成为不错的朋友。一次中国社会科学家访美，钱钟书和费孝通同行，还恰巧被安排到一个套间里，成了不错的朋友。钱钟书每天都写下日记，想以后见面的时候交给杨绛。费孝通主动提供邮票，让他当作家书寄给杨绛。

后来钱钟书还借着《围城》里面赵辛楣和方鸿渐说的话跟杨绛说："我们是'同情人'。"几十年后，两个人直言不讳地聊起这件事，就付之一笑于流水了，只是青春年华中一件漂亮的小事。

钱钟书过世之后，费孝通还去专门拜访过杨绛。当时杨绛亲自送他下楼，还说了一句意味深长的话："楼梯不好走，你以后也不要'知难而上'了。"

　　二十世纪九十年代，浙江文艺出版社计划出版一套名家的散文集，辗转联系到费老先生，告之想出版包括他的散文集，与钱钟书、杨绛的文集一起，做一个系列的丛书。费老只感慨了一句："历史真是妙!"只贪年华易逝，青春已远，诸事蹉跎。

　　两个人用杨绛的方式成为了之前说的那种"只是朋友"，真的做到了君子之交淡如水，后来两人还是会偶尔问候，偶尔拜会，算是对这件事最好的处理方式了吧。

　　世间之事，最后皆付诸流水，有的沉甸甸，滞在沙中，有的花瓣点水，随之东流。青春包容了一切莽撞轻狂，待白发苍苍之时，青涩伤怀。二〇〇五年四月二十四日，费孝通逝世。

中国当代文学中的一双名剑

金庸的作品《射雕英雄传》中写过一对神仙眷侣，黄药师和阿衡，男的聪明骄傲有才华，女的过目不忘十分聪慧，两个人不相上下，却心意相通，像极了杨绛和钱钟书，书里的结局不圆满，现实中有了磕磕绊绊却更真实。

杨绛在清华大学的校园里完成了她的大学第四年，在她借读清华大学的第二学期得到了东吴大学的毕业文凭，还获得了金钥匙奖。后来的她感叹，这一生最大的遗憾就是没有在清华大学读本科，错过了那几年清华大学外文系鼎盛的一段时间，虽然她早有意来清华大学，无奈机缘错失，"终究不成，命也夫！"

不过这仅有的最后一年也让杨绛受益匪浅，她选择了很多当时十分权威有分量的科目，例如，蒋廷黻的《西洋政治史》、浦薛凤的《政治经济史》，还有温源宁的《英国浪漫诗人》。温源宁是钱钟书的老师，知道钱钟书在和杨绛谈朋友，就和自己的得意门生说"pretty girl往往没头脑"。

因为有一次在他的测验上，这个"pretty girl"交了白卷，这让温先生特别不满意。不过这番"没头脑"的言论并没有影响钱钟书对杨绛的感情，他偏偏喜欢这个女孩，温先生得知两个人要出国的时候，还去送了他们。

结束了这段借读生活后，钱钟书建议她再补习一段时间，考取清华大学研究院，这样两个人还能继续同学一年。其间他还提出来要和杨绛订婚，被杨绛拒绝了，虽然她也是喜欢钱钟书的，但却不是那么着急订婚。

她回信给钱钟书，解释说自己在准备报考清华大学的研究院，需要补齐清华大学四年本科所学的知识才行，这件事也就暂时放下了。

杨绛回到苏州，亲戚介绍了一份在小学做教员的工作，她答应了，在她印象中这应该是一份比较清闲的工作，可以有很多补习的时间利用，而且待遇也相当不错，一个月有一百二十元钱的收入，在当时这可以算是个金饭碗。

到了学校开始工作的时候，杨绛才知道这跟自己之前料想的完全不一样。自己没做过老师，什么都不懂，太多东西需要学习，不过她到学校落脚后的第一件事，就是去了学校的图书馆，把那里藏书中她认为值得一看的书通通读了一遍，这已经成为她的一个习惯。

因为工作的压力，杨绛想把报考清华大学研究院的事情推后一年，但是遭到钱钟书的反对，杨绛因此好长一段时间没理他。那段时间钱钟书以为杨绛不想跟他继续恋情了，伤心极了，还创作了很多伤情的诗，说自己"辛酸一把泪千行"，后来还把这些诗整理发表了，算是个时间的纪念吧。

事实上，虽然杨绛没有给钱钟书写信，但是心中还是很惦记他。钱钟书一直坚持写信给她，后来她还是被感动了，两个人的感情又恢复到之前，也许感情就是要有些跌跌撞撞才能更稳固。

经过一段时间的接触，杨绛对钱钟书发出了邀请，要他来家中拜见父母双亲。

一九三三年年初，钱钟书踏上了来苏州的行程。到了杨绛家，见了杨荫杭。两个人谈话之后，杨绛问父亲对钱钟书的印象如何，父亲只说了句："人是高明的。"其他的就没有再提，杨绛知道父亲是担心还未毕业的钱钟书是否能够承担起家庭的重担。

钱钟书想和杨绛在一起的心是急切又肯定的，在拜见过杨绛父亲之后，他便邀请了杨绛父亲的两位好友作为媒人，按照传统的方式上门提亲。

虽然父亲十分担心女儿今后的生活，但是看到杨绛对钱钟书的心意，他还是答应了这门亲事。这年暑假，两个人就准备举行订婚仪式。

说来也好笑，两人本是自由恋爱，杨绛才带钱钟书回家见了自己的父亲，也得到了父亲的认可。回过头，却又走了一次"父母之命，媒妁之言"。钱钟书被父亲带来见杨荫杭，正式求亲，又请出男女两家都熟识的亲友做两家的媒人，然后，在苏州某饭馆摆酒宴请两家的至亲好友。

杨绛说："茫然不记得'婚'是怎么'订'的，只知道从此我是默存的'未婚妻'了。"她喜欢称呼钱钟书"默存"，这是他的号，他喜欢叫她"季康"，季康是她的名。

这场仪式之后，两位后来在中国近代文坛拥有显赫地位的人走在了一起。有人戏称这叫双剑合璧，却真可谓是一段好姻缘，两个人一牵手就是几十年，再也没有放开。

订婚宴上，钱钟书的家人才见到杨绛。钱钟书的父亲很看重杨绛，虽然之前没见过面，他却曾经看过钱钟书与杨绛之间往来的信件。起初杨绛并不知道钱父看过这些，其中的一些信件还是英语写的。

钱父形容杨绛"实获我心"，因为曾经在杨绛给钱钟书写的一封信中提过这样一句话："'毋友不如己者'，我的朋友个个比我强。"钱父还专门写信给杨绛，大抵的意思就是，把钱钟书彻底交付给杨绛了，他很放心。杨绛收到信后不知该如何回信，问钱钟书怎么办，钱钟书说不用回了!

关于未来的方向，两个人心中早有打算。钱钟书一直想报考中英庚款资助的公费留学考试。但是考取的条件是，申请人必须要有两年的社会服务经验，所以钱钟书决定去教书，任教于上海光华大学，教的是英语，月薪九十元。

杨绛准备了一段时间的功课，也顺利地考取了清华大学研究院外国语言文学部，又要去清华大学读书了。杨绛在清华大学读研究院的时候，学习成绩十分优异，每个学期都会获得奖学金，这些钱足够她负担学习和生活的费用了。

执子之手，与子偕老

爱情是诗歌最好的药引，也是最好的素材。自古诗歌多说情，一九三四年，钱钟书整理了他的第一本诗集《中书君诗》，其中包括了他写给杨绛的情诗，还有与杨绛的唱和诗作。诗集是他自己付钱印刷的，所以为数不多，倒也更加珍贵，只分享给了师友。他两人共同的清华大学老师吴宓先生也得一册，他还作了一首七律诗《赋赠钱君钟书即题中书君诗初刊》，诗中称赞钱钟书"才情学识谁兼具，新旧中西子竟通"，钟爱之情跃然纸上。

钱钟书与杨绛感情的稳定，也源于两个人互相坦诚的内心和不间断的书信来往。一天一封信是他们从开始便习惯成自然的，信中内容涉猎广泛，有点像日记般，发生之事皆不放过。看过的好书要分享，遇到的新鲜事要分享，思念之情更要分享。

钱钟书的书信上发信人的落款总是"花样翻新"，"奏章"这词是最常用的，有点禀明圣上的意思，杨绛看到总会发笑。钱钟书也是个幽默的人，一次信中，他自称是"门内角落"，杨绛跟家中门房百思不解，遂问钱钟书"门内角落"是什么含义，收到钱钟书回信后才明白这是钱氏幽默。

　　"门内"就是money，翻译成中文就是"钱"的意思，而"角落"就是clock，翻译成中文就是"钟"的意思，知道真相后的杨家人更喜欢这个"门内角落"了。

　　一九三四年春节，钱钟书去清华大学看望杨绛，这是他毕业之后第一次回母校。在他于清华大学上学的这几年，大部分时间都用来做学问，很少出门，也几乎没去过什么北京的景点，唯一去过的香山、颐和园还是班级的集体出游才参加的。

　　杨绛是个喜爱新鲜事儿的人，也自然喜欢这些有历史渊源的北京景点，她在来北京的第一年，几乎就走遍了北京所有出名的景点。这次钱钟书来北京，陪着杨绛走了好几个地方，这可是难得的事。其实景色没有什么特别吸引他的，倒是和心上人共同游玩才是他喜欢的事。

　　文人雅士游玩之时必有诗词陪伴，依依离别之时更是惆怅。钱钟书在这次出行中《记四月二日至九日行》的诗中写道："纷飞劳燕原同，异处参商亦共天；自是欢愉常短苦，游仙七日已千年。"杨绛也不示弱，有诗如下："久坐槛生暖，忘言意转深；明朝即长路，惜取此时心。"

　　相聚离别自古伤情，作诗留字便可见情深。与爱人相聚的时间总是很快，白驹过隙，离别之后只剩下苦苦思念和对下一次见面的期盼。

　　时间在短期的相聚和长期的思念中过去，一九三五年春，钱钟书两年的社会工作实践马上就要完成了，他根据之前的计划报考了中英庚款留学考试，这个考试前后一共举办过八届，当时钱钟书参加的是第三届，报名参考的有两百多人，那届计划共招收二十五人，而他要去的专业——英国文学却只招一人。

　　那时的钱钟书在文学界已经小有名气，很多人知道这年他报考了这个专业，便放弃了当年报考的机会。不负众望的钱钟书以87.95的高分数获得了这唯一的名额，中英庚款董事会董事长朱家骅是当时的主考官，他对当时的钱钟书印象十分深刻，印象也很好，十分重视他。

钱钟书获得了这个名额，出国也就进入计划中，钱钟书和杨绛计划一起出去。当时的杨绛研究院的学业并没有完成，至少要在第二年的时候才可以毕业。但是为了钱钟书的发展，她决定办理休学，陪他一起出国，因为杨绛并没有申请任何奖学金，也没有参加相关的考试，所以她只能自费出去，不能像钱钟书一样得到费用的支持。

办理了休学的杨绛准备回家，因为时间匆忙，她并没有提前写信通知家人，而是直接登上了回家的船。到家的时间是下午三点多，当天她父亲在家休息，准备睡午觉，突然感觉自己的女儿要回来，他去了杨绛母亲在的房间，看了一眼后问："阿季呢？"母亲说："哪来阿季？"父亲说："她不是今天回来吗？"母亲说："这会儿怎么会回来？"

父亲这才恍惚想起，女儿并没有说要回来的事情，有些伤感，嘴上却没说，便回房准备午睡。过了一会儿杨绛真的回来了，像一个归巢的小燕儿，放下行李就冲进了父亲的房间，在床上的父亲一下子就坐了起来说："哦，这不是回来了吗！"

父母得知杨绛要陪伴钱钟书出国留学的事情很支持，之前她放弃了一次机会，这次就显得越发难得。留学深造是杨绛心底的梦想，但是她也放心不下家里的父母和兄弟姐妹。

父母年迈，此次出去下次相聚不知何时。家中姐妹兄弟也分散各地，工作的工作，学习的学习，当年父亲一手操办的庙堂巷显得特别冷清，前后几十间房间大多数都空着。做父亲的了解女儿的心思，也知道她的担心，便安慰她，不要担心家中之事，放心去。

　　还有件更重要的事情要赶在出国前办，那就是婚礼了，虽然两个人订婚了，但是还没有正式地举办婚礼，也就是两个人还没有真正意义上的婚姻关系。

　　婚礼分两地举行，钱家杨家都办，日子是一九三五年七月十三日，旧历乙亥年六月十三日。杨家几天之前就开始布置，很是喜庆，张灯结彩，道喜的宾客也络绎不绝，成为杨家少有的盛事。

　　最让杨绛难忘的是家中为她办的"小姐宴"。这是当地的风俗，大概的意思就是出嫁之前的姑娘，要在结婚前几天请自己的姐妹、女伴、女同学来参加酒席，酒席由女方父母来办，但是父母并不参加，就是让小姐妹们为女方送行，算是告别一个人的生活吧。

　　杨绛的"小姐宴"在旧历六月十一日的晚上，姐妹、朋友还有亲戚坐满了一大桌，家中布置得十分喜庆热闹，但是大家心中却有一些伤感，杨绛知道这是留在家里最后的时间，后天就要嫁到钱家，不能做在父母怀中撒娇的"阿季"了，越想心中越难过，大家说说笑笑，见杨绛什么东西都吃不下，就也知道杨绛的心思了。

　　后来杨绛偶尔想起旧历十一日，便会想起那顿伤怀的"小姐宴"，想念父母，想念从前。

　　结婚那天，是那年里最热的一天，婚礼由钱父主持，伴郎是同学兼亲戚又兼"媒人"的孙令衔，伴娘是杨绛的七妹，杨家的婚礼部分是西式的，钱家的婚礼部分是中式的，所以两个人的婚礼是混搭的，有结婚进行曲，还有夫妻对拜，有交换婚戒，也有结婚证书盖章，有婚纱也有礼服，在当时这也是很新颖的方式了。

　　当天的来宾，最特别的应该是杨绛的三姑母杨荫榆了，并不是因为她做了什么特别的事，而是因为当天她穿了一身白夏布的衣裙和白皮鞋来吃喜酒，衣服的颜色是纯白色，看起来很像吊丧的服装，让其他的宾客都十分诧异，不知她到底是不是故意穿成这样。杨绛是知道三姑母的，她因为忙于工作，已经多年不置新衣了，大部分都还是之前的衣服，现在看起来难免有些怪，其实她并没有恶意，钱钟书也没太在意这件事。

一套婚礼仪式下来，钱钟书的白衬衫领子已经被汗浸透，不再笔挺，杨绛的婚纱也变成了笼聚热气的利器，从头到脚都是汗，两个人都像被雨淋了一样，却依然走在桌与桌之间给宾客敬酒，偶尔地相视一笑，像一阵清风，润透心田。

但是两边折腾的婚礼，也让一对新人体力不支都病倒了，本应该"双回门"的日子，两个人却没有如约回到杨家。当时杨绛母亲准备了一桌子好酒好菜，等待心爱的女儿带着女婿能够回来，却空欢喜一场，除了失望，更多的是担心女儿。

过了十天，杨绛身体康复得差不多了，钱钟书已经去做出国前的培训了，不能陪她回家，是小姑子陪她回去的。这个小姑子不太喜欢杨绛，因为父亲对这个儿媳妇太喜欢了，总是夸奖个不停。

那次回家，是杨绛最后一次见到自己的母亲，当时杨绛起疹子，母亲心痛地带她去看医生，一直叮嘱她出国要好好照顾自己……母亲疼爱孩子是毫无保留的，杨绛回想起最后一次见到母亲时总是很伤心，也有些遗憾。在离开的火车上，她甚至都想跳下火车，回家再见见父母，抱抱他们，听他们的嘱咐，可是火车就这样带走了她。

钱钟书和杨绛在一起，从此携手大半生。多年前，杨绛读到英国传记作家这样概括最理想的婚姻："我见到她之前，从未想到要结婚；我娶了她几十年，从未后悔娶她；也未想过要娶别的女人。"于是杨绛念这段文字给钱钟书听，钱钟书当即回说："我和他一样。"杨绛答：
"我也一样。"

　　出国后的杨绛越发想家，每星期都给家里写封家书报平安，无奈路
途遥远，相见变成奢望，只能靠文字解解思亲之情。

卷五
Chapter · 05

向天涯 · 为了学业远赴英法

什么样的爱情是完美的？答案是多样化的，但是拥有着同样的梦想一定在答案之中，所以，幸福的他们携手去铸造共同的理想，踏上了那艘远去的轮船，走向属于他们共同的未来。

　　异乡的生活充满了未知的困难，却因为彼此的陪伴都变成了生命的佐料，酸甜苦辣咸各有其味。在这场家庭的盛宴中，杨绛从一位"十指不沾阳春水"的闺中小姐，变成了一位料理高人。她甘愿为爱而改变，可心中却是装满了幸福，谁让爱情如此让人迷恋！

英伦印象

　　想要成为夫妻，结婚前的一次旅行是很有必要的。这是钱钟书在
《围城》中的人物得出的结论，旅行不能短，至少一个月，这样能看破
彼此，两个人经过舟车劳顿，难免心烦意乱，所以原形毕露，这种情况
下如果还不分开，那么就可以结婚了，所以蜜月跟结婚应该反过来。不
过他自己本身却是后来才有的这等觉悟。

　　离开的钟声已经响起，两个人相互陪伴登上了去往英国的轮船，因
为路途遥远，路上的时间要花费一个月还要多。好在两个人有说不完的
话，聊不完的诗，一同向往着接下来的生活，还有新婚燕尔的甜蜜，这
让飘荡的时间显得不是那样难熬。

　　这是他们第一次长时间地生活在一起，虽然分在两个船舱，但是杨
绛也发现这个鼎鼎大名的"书生"的好多问题，之前他总是说自己"拙
手笨脚"，现在看来不是自谦的。比如，他不会系鞋带的蝴蝶扣，甚至
穿鞋子分不清左右脚，筷子也用不太明白，全然没有"做学问"时候的
潇洒倜傥，像个什么都不懂的小孩子。她心里明白，这辈子她都要照顾
他了，所谓的"相依为命"就是这个意思吧，她也庆幸自己跟着一起留
学了，至少可以照顾他。虽然之前的杨绛自己都是一个娇小姐，什么都

不会做。

在出国的行李中，钱钟书箱子中装的大多数都是书，他对书的热爱是狂热的，看到喜欢的书就想买下来。从国内带到英国的书数量不少，他们甚至还随身带着约翰逊博士的字典，没事的时候两个人就一起翻翻看。

到了英国第一站便是伦敦，在来到这里之前两个人都对伦敦充满了向往，书中那些景色和故事，让他们对这座城市未曾蒙面却好像相识许久，所以到了伦敦之后两个人决定住几天，好在距离牛津大学开学还有一段时间，两个人出门得比较早，这样还有空闲的时间。

钱钟书的堂弟钱钟韩、钱钟纬先于他之前来到伦敦留学，在异国他乡几个兄弟重逢相聚，钱钟书还不忘作了一首题为《伦敦晤文武二弟》的诗，以纪念这次难得的团聚。

见我自乡至，欣如汝返乡。

看频疑梦寐，语杂问家常。

既及尊亲辈，不遗婢仆行。

青春堪结伴，归计未须忙。

在亲人的陪同下，两个人还被安排参观了大英博物馆，也去了当地著名的几个画廊，一番游玩之后，两个人决定前往牛津大学办理入学手续。

钱钟书的所有事情已然被安排妥当，因为他是通过考试来到这里的，而且享受公费的学习待遇，根据之前考取的专业安排，他入埃克塞特学院，攻读文学学士学位。

　　杨绛是自费上学的，所以她需要办理的事情不少，本来也想读心爱的文学方向，但是学生名额已满，只能退而求其次地选择了历史，当时那里不提供住宿，所以只能自寻地方落脚了。

　　杨绛曾说："假如我上清华大学外文系本科，假如我选修了戏剧课，说不定我也能写出一个小剧本来，说不定系主任会把我做培养对象呢。但是我的兴趣不在戏剧而在小说。那时候我年纪小，不懂得造化弄人，只觉得很不服气。既然我无缘公费出国，我就和钟书一同出国，借他的光，可省些生活费。"

　　刚到牛津，钱钟书就上演了一出"好戏"，杨绛回忆："他初到牛津，就吻了牛津的地，磕掉大半个门牙。他是一人出门的，下公共汽车未及站稳，车就开了。他脸朝地摔一大跤。那时我们在老金家做房客。同寓除了我们夫妇，还有住单身房的两位房客，一姓林，一姓曾，都是到牛津访问的医学专家。钟书摔了跤，自己又走回来，用大手绢捂着嘴。手绢上全是鲜血，抖开手绢，落下半枚断牙，满口鲜血。我急得不知怎样能把断牙续上。幸同寓都是医生。他们教我陪钟书赶快找牙医，拔去断牙，然后再镶假牙。"

　　钱钟书和杨绛有一个共同的爱好，便是读书，对于图书馆的热爱也是一样的炙热。而他们所在的大学，拥有着世界一流的图书馆——博德利图书馆，他们还给它起了个外号："饱蠹楼"。跟之前杨绛钟爱的清华大学图书馆相比，这里藏书更上一层楼，除了大量的外国经典书籍，还收藏了很多中文的文献资料，英国书业公司自一六一一年起印刷制作的每一本新书都会赠送给这家图书馆作为存书。

　　在牛津大学，自费生会有一件黑色的背心，背后会有两条黑色的飘带，钱钟书在牛津大学也算是自费生，所以他也得到了一个，经常穿着去上课。在牛津大学附近的地方，穿黑色背心的学生处处可见，算是牛津一道特殊的风景，杨绛十分羡慕，当时父亲在国内，身体不太好，还有一大家人需要养活，杨绛不忍心向父亲要钱来缴纳牛津大学昂贵的学费。所以她只能作为一个旁听生，并没有这件黑色背心。她很宝贝钱钟书的黑背心，在她心中它象征着牛津大学，背心被保存得很好。

二○○三年年初，国家博物馆要筹备百年留学历史的文物展，杨绛先生提供了当时与南洋公学留学生的合影，还提供了这件黑色的背心，虽然经历了连年的战火，辗转多地，家也是搬了又搬，它却依然被保存得很好，最后这件背心留在了国家博物馆。

牛津大学还有一样"特色"规定，这里上学的学生，每周都需要在学校的食堂里吃饭四五次，以此证明确实有在学校住校，没有长时间离开这里，有时候，同学都说吃饭比上课还来得重要。当时学校的伙食费对他们来说比较贵，还好因为钱钟书带家眷来的，照顾杨绛，所以他每周在食堂吃饭的数量相对少一些，一周两顿即可。

在牛津大学的这两年，除了完成课程，两个人大多数时间都泡在图书馆里，像是如饥似渴的海绵，不知疲倦地吸收着海洋中的水分，他们阅读不限于文学作品，哲学、心理学、历史等都在他们的吸收范围中。而在阅读中，杨绛很大程度地扎实了自己的外文阅读能力和文学知识功底，这为她接下来的写作提供了很好的基础。

留学生活是美好的，尤其对于杨绛来说。在这里有大把的时间可供自己调配，因为他们住的地方每天提供四餐，不需要杨绛去做什么，房间也由这家人来打扫收拾。她并不是正式的学生，所以也没有固定的课程安排，从小到大，还从未有过如此的特权，自由且安逸。

在文学方面，杨绛一直认为自己是欠缺的，所以她给自己安排了阅读表，按照表上罗列的书一本一本地读下来，还认真地做了笔记，而且在图书馆中她占据了一个固定的位置，一有时间就去，那时图书馆读书的人不是很多，十分清净，想看的书就在手旁，对她来说像天堂一样。

牛津大学每年三个学期，每上八周的学，就有六周的假期。两人留学期间，学校有很多是从贵族中学毕业的纨绔子弟，很少用功读书，大多数时间都四处懒散，考试的时候才会用功读一下，而且经常会惹一些麻烦，比如喝酒打架这些触犯校规的事。钱钟书和杨绛上学期间从来没有触犯过类似的校规，连品行导师都称赞两人学习用功，还会偶尔请他们去家中喝茶。

两人居住的金家为他们安排了一个风景不错的房间，窗外就是花园，两个人没事的时候就会出去走走，呼吸下新鲜的空气，给大脑休息一下。他们把每天的这种安排称为"探险"，在这个陌生的国度有太多前所未见的东西等待他们去发现，相比熟悉的地方，他们更喜欢走陌生的道路，每次都会有新发现，这让两个人都欣喜不已。

对于那段日子的回忆，总是安静又美丽。他们爱着那里的大街小巷，也喜欢当地人亲和的待人方式。

在英国，下午茶是重要的生活部分。很多社交生活和人情往来都是在下午茶中进行的，当时他们刚来英国，对于这种英式的茶不甚了解。好心的同学教他们如何去做："先把茶壶温过，每人用满满一茶匙茶叶，四人喝茶用五匙茶叶，三人用四匙。开水可一次次加，茶总够浓。"

后来，钱钟书有了每天早晨从一杯牛奶红茶开始的生活习惯，可惜回国之后那种印度红茶就很难买到了，杨绛就自己尝试着用几种茶叶调出相似的味道，后来几经试验，她用三种红茶混在一起：滇红取其香，湖红取其苦，祁红取其色。

钱钟书很喜欢杨绛研制的红茶味道，所以直到现在，当时剩下的一些茶还被完好地保留在家中，杨绛说这些东西能让她想起英国那段美好的时光，只是物是人非，回不去了。

金家准备的伙食还算不错，只是钱钟书吃不惯英国本地的味道，所以就吃得相对少了许多，杨绛心疼他，怕他吃不饱消瘦了。而且过了一段时间，他们觉得金家的味道不如刚开始来的时候，加之住在一起总会有不方便的时候，所以杨绛想租一间只有他们两个人的房子。

刚开始钱钟书并不支持杨绛的想法，因为他知道杨绛并不会做饭，住在金家至少可以有现成的饭菜吃吃。但杨绛已经打定了主意，也开始留心起报纸上的出租信息。

一连看了几个，都不是很满意，位置离学校都太远，上学不方便，路上还浪费时间，便继续找，好在并不着急，时间是很充裕的。

一天傍晚，她和丈夫照例出去"探险"，路过一个高级社区的时候，看到了一个招租的广告贴在那里，两个人并没有直接去，等到回头再想看看那个广告的时候，它已经不在那里了。杨绛有些失望，但是不甘心，便壮着胆子敲开了那家的大门。

开门的是一位女士，杨绛以为对方会生气，但这位女士并没有，而是反反复复地打量着面前的这个东方姑娘，看得出杨绛有些紧张。随后她便带着杨绛去楼上看房子了，这个女士就是她后来的房东达蕾女士。

这个位于二楼的房子就是他们后来租下来的"家"，共有两个房间，一个是卧室，一个是起居室，还有一个很大的阳台，下面可以看得见大片的草地和花园，风景不逊于金家。

其他的条件略显简陋，取暖需要用电炉，做饭也是电灶，而且厨房很小，这里的浴盆也引起了杨绛的注意，加热洗澡水的是一个盘旋的水管，看得出来年代久远，水需要经过盘旋的管道加热，流出来的才有温度。

杨绛大概地扫了一眼基本的情况，便回去了，她想叫丈夫一起来看一下这里的条件。钱钟书看过之后十分中意，这里离学校很近，过街就是，而且也免除了之前住在金家的种种问题。

杨绛很珍惜读书的时间，钱钟书的朋友或者同学来拜访的时候，之前只有一个房间，她也没有别处可去，便得跟着应酬着，不但时间浪费了，还得受着他们抽烟的味，现在不用了，房间宽裕得很，而且也不需要跟其他人共用厕所和浴室了。

不过新房子也有它带来的烦恼，租金是肯定要比住在金家的高，而且杨绛之前几乎没有下过厨房，但是她很自信，至少像之前金家的饭菜水平她还是可以达到的。

根据杨绛之前的预算范围，这个房子是他们俩可以承受的，所以很快就签下了租房的协议，准备搬家。

女儿做母亲，便知报娘恩

生活在摸索中前进，没有人生来就是高手，困扰是路上的雨花石，也许有时不那么平坦，但是可以防止你在路上滑倒。而幸福就像路边的花朵，只要方向对了，沿途的风景醉人心扉。

在那年的新年前后，两个人搬到了后来的这个房子，心情兴奋极了。搬家那天两个人忙活了将近一天，东西也不少，好在新房子里的储物空间充足，抽屉可以充分利用。因为之前并不做饭，自然是没有餐具的，所以借了房东的，简单地吃了口晚饭，两个人都很累，钱钟书早早地睡下了，杨绛却久久不能入眠。

新居的第一个黎明到来了，钱钟书起得很早，他想为还没起床的杨绛准备早餐，做好之后摆放整齐端到了杨绛的面前，她惊讶地看着这个男人，想起他说自己"拙手笨脚"，竟有这番细腻的心思。到现在杨绛还记得那顿早餐特别的丰盛，黄油、果酱、蜂蜜应有尽有，还有最好的阳光。

又一段新的生活开始了，这更像是真正的家庭，只有两个人决定着所有的事情，没有别人参与。像其他的家庭一样，他们熟悉了周围的环境，并且在附近的商店预订了鲜奶和面包，每天都有专人给送到家门口，而且都是最新鲜的。

钱钟书喜欢吃红烧肉，有了自己的厨房之后，他就开始酝酿自己的"巨作"，杨绛肯定是不会的，他便请教其他中国的留学生，大家都是半懂不懂，便都献计献策，一起研究。

第一次做的时候，两个人守着锅，大火一直煮着肉，汤煮干了就往里添水，英国还没有生姜和做红烧肉的酱油，最后出来的红烧肉不但又咸又苦，甚至嚼不烂。杨绛回想起家中母亲做菜时是用"文火"加工，加上之前的经验总结，没有找到黄酒就换成了雪莉酒，第二次居然味道不错，钱钟书吃得有滋有味，杨绛也有了家庭主妇独有的自豪感。

慢慢地，她也悟出了很多做菜的学问，而且红烧肉的做法可以延伸到各种食材，她研究出了很多特有的菜，这些试验品钱钟书很买账，总是吃得意犹未尽。在异国他乡，两个相依为命的年轻人，虽然没有父母的引导带领，却也把日子过得"津津有味"。

生活少不了柴米油盐，经验也是在陆续地积累，杨绛把每一次尝试都看成是一次新的"探险"，把每一段经历都整理好沉淀下来，无论成功还是失败。

不过有一样是杨绛一直不能驾驭的，便是收拾"活虾"。第一次弄的时候，杨绛之前看家里人弄过，便很在行地说："得剪掉须须和脚。"可是她刚剪了一下，手中的虾猛地抽搐下，她一下子把剪子和虾都扔了，逃了出去。钱钟书看到狼狈的她，问她发生了什么，杨绛说："虾，我一剪，痛得抽抽了，以后咱们不吃了吧！"钱钟书便跟她解释说，虾不会像人这样痛，反正他还是要吃的，那以后便由他来剪，杨绛来做。

到牛津的第一年，日子过得很有新鲜感，而且学习到了很多知识。

杨绛说那是她一生最轻松快乐的一年了，只是思乡之情有些苦，还好有爱人陪伴。

到了假期的时候，两个人受邀做一九三六年"世界青年大会"的代表，到瑞士日内瓦开会。之后又去了巴黎，一番咨询后，他们注册了巴黎大学，因为巴黎大学不强制住校，而且有学习经历的要求，所以一九三六年的他们在牛津大学读书的时候，也已经在巴黎大学注册了。

放假之前，杨绛跟房东沟通，想让房东给留一个条件更好一些的房子，回到伦敦之后发现，达蕾女士真的留了一个新的房子给他们，条件好了很多，两个人就搬了过去。

接下来，做饭成了杨绛每天的项目，钱钟书倒也不做甩手掌柜，也会打打下手，虽然两个人经济条件有限，日子过得稍显紧张，处处需要精打细算，但两个人一直相互扶持、互相陪伴。

杨绛不喜欢每天做饭，她觉得很浪费时间，还很麻烦，还痴人说梦般地说要是可以不用吃饭就好了。钱钟书曾试图寻一服"辟谷"的方子来用，像神仙一样不吃饭也可以"仙风傲骨"，因为他也着实心疼自己的夫人。

日子平静而祥和，更大的幸福已经悄然而至。不久，杨绛发现自己怀孕了，两个人既兴奋又紧张，也在猜测这个宝贝是男孩还是女孩呢。

一次钱钟书与杨绛说起这件事，说："我不要儿子，我要女儿——只要一个，像你的。"杨绛笑了，并没有说什么，但是她心里另有希望，她希望女儿是像钱钟书的，所谓你侬我侬便是这个意思！

肚子里有了宝宝，杨绛开始小心翼翼，原本以为有了孩子不会太影响生活，但是现在才知道这是不可能的事，最开始的时候害喜就严重，没有办法专心看书。

钱钟书也很照顾杨绛，不但分担了大部分的家务，还很早地就陪她去牛津妇产医院进行检查，更是早早地预订了生产用的病房，也请求院长给介绍医生，医生本来以为东方人可能对大夫的性别有要求，便问是不是一定要女大夫，钱钟书只回答：要最好的！

最后定下来的大夫叫斯班斯，两个人家也离得很近，根据检查的结果，孩子的预产期在乔治六世加冕大典前后，斯班斯说如果赶到了那一天，那就是"加冕日娃娃"了。

在英国本地，人们对英国皇室十分尊重和喜爱，生"加冕日娃娃"更是一种荣幸，不过钱钟书一家貌似并不感兴趣，连肚子里的孩子似乎也不着急来到这个世界上，过了加冕大典快一周了还没有动静。

那是一九三七年五月十八日，清晨杨绛便有了分娩的迹象，钱钟书冷静地带着她去了医院。到了医院，阵痛减轻了，杨绛还挑了本书看，到了下午又吃了下午茶，杨绛还是没有临盆的迹象。

到了十九日，杨绛终于要临盆了，但是任凭她怎么用力，还是生不出来，医生为了确保孩子和大人的安全，对杨绛进行了麻醉，人工助产，这才生下女儿。

杨绛浑浑噩噩地醒来，发现自己躺在柔软的毯子里，自己的肚皮瘪了，浑身都疼，不敢动弹，护士问杨绛，为什么那么疼的情况下她都没喊没叫，杨绛有气无力地回答："叫了喊了还是痛呀。"这件事让医院的所有护士都对这个瘦小的东方女人肃然起敬。

其实，那天十分危险，女儿出来的时候，已经浑身青紫，甚至都不会哭，后来护士不停地拍打婴儿的身体，她才幸而活了下来，哇的一声哭了，声音十分大，护士给这个中国娃娃起了个称呼"Miss Sing High"，这个贴切的小昵称也一直沿用下来，被译作"高歌小姐"，也音译作"星海小姐"。

因为这个女孩是牛津医院诞生的第二个中国孩子，所以大家都对这个"高歌小姐"十分重视，只是可怜了新妈妈杨绛，麻醉退去之后的疼痛让她难以招架。初为人父的钱钟书也十分辛苦，生孩子那天他来来回回四次，杨绛昏昏沉沉，医院还不让见孩子，钱钟书就在医院里焦灼地来回走。

最后护士特意把孩子抱出来给钱钟书看，他激动地来回打量着说："这是我的女儿，我喜欢的。"然后就是看着这个女娃不停地笑，这个女娃就是他们这辈子唯一的女儿。

祖父为娃娃取了名号，名健汝，因属牛，便起一卦，"牛丽于英"，所以号丽英。但是杨绛夫妇并不喜欢这个"美丽"的号，觉得拗口也不响亮，便自己起了名字，叫她钱瑗。又给起了种种诨名，最后圆圆成了最顺口的称呼，也叫她阿圆。

西方医院没有坐月子这个说法，但是杨绛身体不好，在医院住了三周还多，几乎就把月子度过去了，因为双方老人都不在身边，没人教他们该如何带孩子，他俩就在医院跟护士学，学习如何换尿布、洗澡、喂奶，有模有样的。

一个人在家的钱钟书，难免会发生一些小状况，他像个孩子一样，把闯祸的过程都汇报给住院的杨绛听，总是一句固定的开场语："我做坏事了！"

"我做坏事了，打翻了墨水瓶，把房东家的桌布染了"；"我做坏事了，把台灯弄坏了"；"我做坏事了，门轴两头的球掉了一个，门关不上了"……

这个时候，能安抚他忐忑心情的只需要杨绛的一句话"不要紧"。

这三个字能让他真的放心，他很相信杨绛说的话，只要她说了不要紧，那就是真的不要紧。

这种信任不是空谈，是有根据的。之前钱钟书的额骨上长了个疔，好久都没下去，杨绛跟他说："不要紧，我会给你治。"然后她从一个护士那学来如何热敷，便每过几小时就给他做一次，没过几天疔随着热敷的纱布连根拔掉了，一点痕迹都没留下，从此杨绛的"不要紧"成了钱钟书的"定海神针"。

后来"不要紧"真的就不要紧了，杨绛回到家后，桌布洗干净了，台灯修好了，门也修上了，杨绛回来的家才像家……

当时的中国并没有实行计划生育，没有限制生育孩子的数量，但是他们这辈子只要了阿圆一个。杨绛回忆钱钟书曾经对她说过这样的一段话："假如我们再生一个孩子，说不定比阿圆好，我们就要喜欢那个孩子，那么我们怎么对得起阿圆呢？"面前这个智慧又单纯的男人又用一句话柔软了她的心。

两个新手父母开始在家自己抚养孩子，当时的钱钟书在准备自己的论文答辩，时间紧任务重。但是有一天很少下厨房的他居然端出来一碗鸡汤，还剥了碧绿的嫩蚕豆搁在汤里。这是他亲手为娘儿俩熬制的，一碗鸡汤，一家三口受益。

"钱家的人若知道他们的'大阿官'能这般伺候产妇，不知该多么惊奇。"他吃肉，杨绛喝汤，阿圆"吃"妈妈，人生之乐不过如此，钱钟书总是用这样的细枝末节感动着杨绛，让杨绛的心时刻为他悸动，愿得一人心，白首不相离。

在伺候月子中，钱钟书完成了自己的论文答辩，顺利地获得牛津大学的学位，一切看起来都很圆满了。

全世界的时尚之都

　　求学的路是没有尽头的，尤其是对如饥似渴的年轻人。有人说，书读多了是平添烦恼，但事实上如果因为读书增加烦恼，说明书还是读得不够多。只有脚下的基石够稳，才能穿透薄雾看蓝天。

　　牛津大学的学业结束后，两个人按照之前的计划开始前往时尚之都巴黎，早在前一年两个人就已经在巴黎大学注册。

　　当时阿圆也就刚过百天的大小，胖乎乎的十分可爱。夫妇二人带着娃娃一起来到法国，住进了之前朋友帮忙租下的公寓。

　　那时候的阿圆是个可爱的娃娃，在伦敦的车上一个乘客看着这个东方娃娃入了神，夸她是个"a China baby"，这个巧妙的夸奖让杨绛不禁沾沾自喜，这句话可以理解为一个中国娃娃，也可以理解为一个瓷娃娃，是夸阿圆皮肤好呢。连检查行李安全的海关人员都看着这个漂亮的娃娃，放松了行李检查，很快办理通过。

　　一路上主要是杨绛照顾阿圆，钱钟书手笨，抱不好孩子，杨绛便也不要他抱，怕阿圆不舒服，只让他拎行李箱，里面都是他的书，还有一台打字机。因为有孩子，一路上受到了很多优待，所以虽然路途漫长，却也不难过。

巴黎大学也是有着丰富历史背景的学校，培养教育了很多优秀的人，也以宽松的教学风格出名，之前的牛津大学在很多方面都有限制，住校和吃饭都有相应的规定，而巴黎大学却宽松很多，让学生有更多自己选择的空间。

房东太太是一位叫咖淑的夫人，已经退休了，所以就以招租为生。这座公寓位于市中心，也靠近车站，位置很好。房东每天给房客做三餐，价格合理，样式丰盛，是个比较善良的房东。每天吃饭的时候，大家围坐在一张餐桌前，很热闹，大部分都是单身的房客。

杨绛和钱钟书一向最珍惜时间，但是咖淑夫人家吃饭的"战线"实在太长，餐点十分丰富，一道一道菜上来，一顿饭可能要吃两小时，而且钱钟书不太习惯西方的餐饮习惯，好在租的房间有厨房，吃了一段"集体饭"后，他们就开始自己起火了。

巴黎的生活就这样开始了，当时很多华人活动在巴黎市区，在大学或者公寓附近总会遇到华人，甚至是熟人，杨绛和钱钟书也认识了很多新的朋友，经常往来。异国他乡，大家都像亲人一样互相帮助。

很多有孩子的家庭，都选择把孩子送到托儿所去照看，这样的话可以有更多的时间来学习，有人也劝杨绛把阿圆送去，杨绛打听了一个朋友，这个朋友家的孩子跟阿圆一样的年纪，小小的娃娃。

朋友说，小朋友送到那里要很规矩地生活，吃饭、喝水、睡觉都要按照规定来，杨绛听了这个，不禁心疼起孩子来，就舍不得了，决定还是把孩子带在自己身边。

租住的公寓里，有一个太太是做公务员的，平时丈夫不在家，而他们没有自己的孩子，所以很闲，太太很喜欢阿圆，见面总是喜欢抱抱，舍不得放下，也会把阿圆带到自己家，哄着玩。阿圆跟着她也不哭不闹，相处得很融洽。就这样，在杨绛和钱钟书都有课或者忙不开的时候，她就帮忙带孩子，也帮了不少忙，杨绛也会多少付些报酬给她，表示感谢。

因为巴黎大学的学习相对宽松，两个人并没有把精力转到很多更有实际意义的书本上，之前在牛津大学必须按照学校的要求来，所有的课程必须学习，在这里他们为自己制定了特有的"课程表"，他们很用心地学习法文，经常去看法文的书籍，也会逛旧书市场淘"宝贝"回来。

在读书的兴趣方面，杨绛和钱钟书绝对是志趣相投，两个人都广读诗书，种类广泛，常常读起喜欢的书来，便忘记了时间，再抬起头已经是深夜了。

在巴黎的这一年，让他们两个人真实地了解了法国特有的文化，也对欧洲整体有了一个深刻的印象，尤其是语言及文学方面，两个人一年内读过的文学经典不计其数，从十五世纪的诗人维容开始，到十八、十九世纪，林林总总。所读的书不拘一格，大有海纳百川之势。

而对于语言的热爱，让杨绛在法国这段时间有了很好的学习环境，她利用一切可以练习的机会阅读和交谈，了解欧洲文化更深层次的东西。钱钟书也毫不示弱，中文、英文、法文、德文还有意大利文，无一放过，像极了海里的鱼，肆意地翻转游动，那段时间他们的阅读量叫人赞叹。

除了读书以外，他们还一起读诗和背诗，内容不限，不论是中文的还是西文的，通通都来者不拒，他们的"探险"依然继续。他们还喜欢猜测故事。如果看到不同的房子，便会一起猜测里面住着什么样的人家，会有怎样的故事；如果看到人流中的形形色色的人，就猜测那人有怎样的身份，要到哪里去。

　　钱钟书在语言方面似乎比杨绛要敏感一些，在刚来到法国的时候，两个人曾经同读过一本福楼拜的《包法利夫人》，当时两个人读起来是有些吃劲的，钱钟书的生字还要更多一些，一年以后，杨绛已经不如他认识的字多了，他还有些小得意。

　　看书这件事，应该是遗传的。否则刚能坐稳的阿圆，就像个大人一样拿着一本硕大的书，一坐就是好半天，不哭不闹。杨绛给她一支笔，她就在书上画来画去。

　　房东太太教杨绛如何做"出血牛肉"，她和钱钟书把鲜红的血给阿圆吃，圆圆吃得很开心，西方的东西她还都吃得惯，所以小身体十分结实，用杨绛的话形容就是"很快地从一个小动物长成一个小人儿"。

　　杨绛仔细看过阿圆小小的手脚，粉嫩嫩的，因为吃得好，所以浑身都是胖乎乎的。阿圆好多地方都像爸爸，手脚的骨骼都很像。钱钟书也喜欢女儿，看看这，亲亲那，有时候闻闻她的脚丫儿，还装出恶心要吐的模样逗杨绛，一家人其乐融融的，好不欢乐。

　　大人看书，阿圆就抢着看，有时候她安安静静自己一人画书玩，很乖巧，她最喜欢爸爸妈妈推车带她出门去"探险"。她最早能说的话是"外外"，要求外边去。

　　之前在国内的时候，杨绛在老师的指导下发表过几篇文章，这让她对自己的创作方向更加坚定。在出国留学的这段时间，她在广泛阅读和学习的过程中没有荒废自己的写作，她也写了很多优美的文章。《阴》是一篇很美的散文，短句之中可见殷实的语言功力。

　　"一根木头，一块石头，在太阳里也撒下个影子。影子和石头木头之间，也有一片阴，可是太小，只见影子，觉不到有阴。墙阴大些，屋阴深些，不像树荫清幽灵活，却也有它的沉静，像一口废井，一潭死水般的静。

"山的阴又不同。阳光照向树木石头和起伏的地面，现出浓浓淡淡多少层次的光和影，挟带的阴，随着阳光转动变换形态。山的阴是散漫而繁复的。"

离家已经几年，虽然有爱人的陪伴，但是思乡之情总是萦绕心头。杨绛经常给家里写信，也会收到家里的回信。一来一回，在路上耽误的时间很长，但是收到信还是能安慰这个在异国他乡的灵魂。

可这种联系在她刚生完阿圆不久就中断了，好长时间都没有家中的消息。后来杨绛在报纸上看到国内好多地方都沦陷了，包括自己的家乡，她开始担心起来，不知道遥远的故乡自己的亲人有没有危险。但苦苦联系不上，杨绛开始慌乱起来。

这时候杨绛接到了三姐的信，说是父亲带着家人来到了上海，让杨绛安心读书。之前大姐也来过信，说家里一些大概的情况，杨绛总觉得信中少了关于母亲的事情，她便询问，却没有人回答她。

后来过了一段时间，杨绛的大姐才把事情告诉杨绛，原来母亲已经在逃难的时候去世了。这是杨绛第一次遭到如此大的打击，她还没来得及跟母亲分享自己做母亲的感动，老话说"女儿做母亲，便是报娘恩"，但是报娘恩的机会就这样被老天收回了。杨绛伤心不已，那些天几乎以泪洗面，钱钟书陪在她身边，努力地安慰着。

杨绛后期写了一篇《回忆我的母亲》，里面提到："我曾写过《回忆我的父亲》、《回忆我的姑母》，我很奇怪，怎么没写《回忆我的母亲》呢？大概因为接触较少。小时候妈妈难得有工夫照顾我。而且我总觉得，妈妈只疼大弟弟，不喜欢我，我脾气不好。"

虽然在巴黎的学习生活很顺利，而且钱钟书的奖学金还可以继续一年，但是杨绛和钱钟书决定回国去。当时世界大环境都不太好，日本正在大范围地侵略中国，他们待在国外还能相对安全一些，但是两个人商量了一下，还是要回去。他们看着报纸上刊登的国内的消息，义愤填膺，想要回到国家和亲人们一起战斗。

亲情的召唤，国家的兴亡，一声声地响彻在他们的耳旁，两个人中断了进行到一半的学业，踏上回国的路程。回国的船票十分难买，他们托了很多人去买，最后由里昂大学为他们买到了回程的票。

钱钟书的家也没有幸免于难，钱钟书的家人在战争的纷乱中辗转多地，最后躲在了亲戚家，算是暂时躲过劫难。

杨绛的母亲过世之后，父亲就没有来过信了。远在他乡的杨绛思念母亲，更是心疼父亲，但是这种情感显得这么鞭长莫及。

在决定回国之后，钱钟书开始联系国内的同学和老师，希望能找到一份工作，来保障一家三口的生活。随着信件的发出，陆续也收到了很多的回执，其中的一个机会让他十分欣喜。西南联合大学文学院院长冯友兰邀请他回去做外文系的教授。抗日战争爆发后，北京大学、清华大学、南开大学三所大学南迁昆明，联合组成"西南联合大学"。

其他人留学回国一般都是先当讲师，慢慢晋升才有机会到教授，而他直接回去就做教授，西南联合大学对钱钟书的重视可见一斑。

当时给他定的薪水是每个月三百元，那个年代这份收入也算可观，钱钟书决定就去那里，便着手准备回去的相关事宜。

杨绛的父亲当时所在的上海被称为"孤岛"，她一心想去探望父亲，无奈跟钱钟书分开走。

三年前出国时，新婚的他们晕船得非常厉害，这次上了船，杨绛总结出来一些规律，她教钱钟书：勿以自己为中心，而以船为中心，随船倾侧……钱钟书体会了一下，似乎挺有效的。

来的时候是两个人，回的时候是三个人，来的时候心中充满了对陌生世界的向往，轻松愉悦，回去的时候虽然带着爱的结晶，却因战事心情沉重。

因为对船上伙食没有准确的预估，她只为阿圆准备了一些简单的乳制品和辅食，但是等到登船时候才发现跟来的时候状况完全不一样。长期的战乱，让物资十分匮乏，几乎没有什么精心准备的食物，只能简单地维持温饱。

大人还好，可怜了刚刚断奶的娃娃，船上摇摇晃晃过了半个多月，阿圆几乎天天吃土豆泥，带的辅食根本不够，上船时本来白白胖胖的她下船时瘦了一大圈，做妈妈的杨绛不免自责，却也无可奈何，只能感叹大环境。

船只到达香港之后，钱钟书带着部分东西独自上岸了，按照计划他从香港经过海防再去工作的地方：云南。杨绛抱着圆圆站在船头甲板上看着渐渐变小远去的他，孩子还小，不明白发生了什么，但杨绛心里五味杂陈，这是婚后他们两个人第一次分开，她放心不下钱钟书，却更担心年迈的父亲，想到这里她心头一阵酸楚。

卷六
Chapter · 06

哀江南 · 罹难的家乡

战争是一个国家的创伤，更是一代人的心痛。远赴他乡所学所得的一切，在这一刻体现了存在的意义，虽然当时局势动荡，社会形势每况愈下，但是只要民族的希望在，生活就永远没有终点。

　　杨绛和钱钟书带着自己的收获归来，投入祖国的怀抱，虽然这个怀抱已经疮痍满目，但却一直温暖，这种温暖是他们心中最大的慰藉。面对着母校的期盼，面对着老校长的信任，杨绛也承担起了前所未有的重任，竭尽全力地前行。

哀望江南赋不成

　　那是个动荡的年代，全世界都被第二次世界大战的阴霾笼罩，祖国大部分地区都受到战争的影响，无数的中国人在战场上抛头颅洒热血，大喊"还我河山"，响彻山河。远在千里之外的华人们也通过各种渠道关心着国内的战事，很多人都回到国内，钱钟书一家三口就在其中。

　　杨绛回来之后才知道，在母亲去世的前一年，日本第一次空袭了苏州，家中只有年迈的双亲和大姐、小妹。杨家的宅子比普通民居要大一些，飞机就在杨家上空一圈一圈盘旋，以为是什么政府要地，需重点打击。家人只能来回躲藏，小妹后来回忆说："真奇怪，害怕了会泻肚子。"在逃难的时候，全家都泻肚子了，后来躲到苏州香山。

　　转年秋天，母亲得了"恶性疟疾"，在战乱期间不能得到有效的治疗，一直在发高烧，在香山沦陷前便去世了。战事如火如荼，为了让妻子有个好的"安身之处"，父亲用几担白米换得一具棺材，将妻子入殓安葬。下葬那天，下着蒙蒙的细雨，似乎在为这个时代、为这个家庭的遭遇哭泣。

　　这里并没有属于杨家的墓地，只能临时借一个坟地，也没有墓碑，父亲就在周围能写字的地方都写满了母亲的名字，地上、瓦上、树上、石上都有，布满了不舍和思念。一同下葬的还有杨绛的三姑母杨荫榆。

杨绛总叫她"三伯伯"。平时杨绛很少回忆她，也很少聊起她，因为三伯伯不太喜欢她，她也不太喜欢三伯伯。三伯伯在日寇攻陷苏州的时候，为了保护几个学生遇难了。

这个三伯伯比杨荫杭小六岁，杨绛评价她的长相就是"她不令人感到美，可是也不能算丑"，有一双炯炯有神的大眼睛，笑的时候会有酒窝，杨绛听父母闲聊的时候提起过一件事：祖母一次当着三姑母的面，拿着她的一张照片说："瞧她，鼻子向着天。"听到这个话的她气坏了，大声喊道："就是你生出来的！就是你生出来的！！就是你生出来的！！！"当时家里人传为笑谈。

三姑母后来嫁给一个"低能的'大少爷'"。杨父形容这位大少爷十分不堪，说他总笑嘻嘻的样子，露出紫红色的牙床，嘴角还一直流着口水。就因为对方跟自己家门当户对，便让三伯伯嫁过去，杨绛的母亲之前听说过对方"大少爷"的那个情况，跟祖母反对这门亲事，但是只挨了顿训，亲事还是照办了。

后来具体嫁过去发生了什么，杨绛就不得而知了，只听说那大少爷的脸都被三伯伯抓破了，三伯伯回到娘家之后执意不肯回去，后被"凶婆婆"闹到娘家，三伯伯到杨绛母亲房里躲着，婆婆也冲进来要抓她走，后来她说她是如何也不会再去蒋家的，也就跟蒋家撕破了脸，当时留的声名很不好，他们骂三伯伯是"灭门妇"，应该就是没有给他们家生儿育女吧。

那时的杨荫榆年纪也不大，十八岁左右的光景，杨荫杭让她去上了学。后来在一九〇七年的时候去了日本留学，在日本东京女子高等师范学校（现"茶水女子大学"的前身）毕业，据说三姑母很精通日本的繁杂礼仪。一九二九年左右，苏州市为了青阳地日本租界的事还来请三姑母和日本人交涉，结果好像双方对她很满意。

后来杨绛的三姑母在北京的女子高等师范学院工作，做"学监"，那时三姑母很喜欢杨绛，觉得她聪明伶俐，回校有活动时还会带上杨绛。一九一八年，三姑母由教育部资送赴美留学。

三姑母出行的那天，杨绛去了，她记得那天好多学生来送行，有当时教杨绛的老师，还有几个年纪比较大的学生都哭了，杨绛并不懂是因为什么，三姑母在车上也抹泪，那是杨绛第一次看到火车，也是第一次看到那么多人送行，而且还哭，后来她回想，那应该是三姑母最得意和骄傲的一天了。

一九二四年，杨荫榆做了北京女子师范大学的校长，她是有史以来中国第一位女大学校长。三姑母很敏感，觉得孩子们不喜欢她，觉得杨绛可能是其中带头的，所以她开始不喜欢杨绛了。

日本入侵的时候，三姑母家住在盘门，周围都是小门户人家，经常有日本人来搜刮，三姑母多次去找当地的日本军官，指责他们纵容自己部队的人去奸淫掳掠。日本军官就真的让部下退兵了，当时一些胆小的人都躲在三姑母家，觉得相对安全一些。

一九三八年一月一日，两个日本兵搜到三姑母家去，不知道说了什么，三姑母就跟着出门了，结果走在桥上的时候，其中一个日本兵就开枪了，另一个人给她抛到河下。后来他们发现，河里的三姑母还在游泳，并没有死，就紧接着开了几枪，看着水里泛起了红色的水花才停下，三姑母就这样去世了。

后来杨荫榆跟杨绛的母亲一起下葬了，因为时间仓促，也因为当时物资紧缺，棺材甚至没有抛光，杨绛觉得它也象征了三姑母坎坷的一生。

　　其实杨荫榆从蒋家出来之后，完全可以再嫁人的，可是她已经不屑于嫁人生子了，她甚至忘记自己是女人，恋爱和婚姻都没有再提及，只是想专心做她的事。杨荫杭曾说："申官（杨荫榆）如果嫁了一个好丈夫，她是个贤妻良母。"

　　只能慨叹时代带给她的不幸吧！如论多么辉煌与惨烈，最终都是埋在这黄土之下。前几年，青年学人陈远曾经给杨先生写信，想和她聊聊杨荫榆先生，杨先生回复说："过去的事情不想再说了，算了吧。"

　　夫妻四十年，弹指一挥间，白驹过隙来不及回头已经苍老，杨荫杭舍不得留妻子一个人在这里，便带着家人又回到苏州老家，此时家中已经一片狼藉，东西大部分都已经烧的烧，丢的丢，只剩下些粮食，也只够家里几个人糊口而已，饿不死罢了。

　　日本人的侵略远没有结束，一群日本兵挨家挨户地搜刮，还抓"花姑娘"，让杨家姐妹惊恐万分，她们之前逃难的时候已经都剃光了头，也换成了男生的打扮，日本兵来的时候她们就躲进柴堆里，担惊受怕地挨过一天又一天。

　　钱钟书一首题为《哀望》的诗刻画了他们当时悲伤的心情：

　　　　白骨堆山满白城，败亡鬼哭亦吞声。
　　　　孰知重死胜轻死，纵卜他生惜此生。
　　　　身即化灰尚赍恨，天为积气本无情。
　　　　艾芝玉石归同尽，哀望江南赋不成。

　　杨绛带着圆圆继续坐船到了上海，来接她们的是钱钟书的弟弟。他先把她们娘俩接到了钱家，这里是钱钟书的叔叔家，杨绛称呼他为小叔叔，因为小叔叔跟钱钟书的父亲是双胞胎。

　　钱家当时是花了大价钱"顶"来的几间房子，因为当时战乱，上海是难得的避难所，天南海北的人都来上海避难，房子变成了最紧俏的资源。这个房子本就不大，却住了不少的人，杨绛只能跟钱钟书二弟的媳妇和儿子挤在一间房。

　　此时的上海已经成为汪洋大海中的一个"孤岛"，即使幸存，也时刻有被吞噬的危险。国民党撤出上海后，日本全面侵略上海，大军驻守，处处设卡，上海只有少部分地方是相对安全的，那便是英、美、法等西方国家在上海的公共租界，势单力薄地处在日本兵的包围中，孤岛更孤！

　　虽然外面情况危险，但杨绛心里惦念着父亲，不愿停留，第二天就带着圆圆去看父亲，当时父亲住在本就生活在上海的三姐家，地方比较宽敞，她终于见到了父亲，那天三姐正在医院生孩子。

　　重逢瞬间，似乎沧海桑田，杨绛感觉父亲似乎一下子就变老了，眼神也不像之前那样精神，表情很疲惫，后来杨绛才知道父亲一直大量地服用安眠药，想必是母亲离世之后父亲无法入睡。但是看到最喜欢的女儿回来，还带着外孙女，父亲的喜悦溢于言表。看到沧桑的父亲，杨绛心里很不是滋味，不禁想起母亲来。

　　父亲思念女儿，三年未见，似乎有说不完的话，拉着杨绛的手，看着圆圆，眼中泛着慈祥的目光。因为当时寄居在三女儿家，他不便留杨绛和圆圆常住，便花大价钱临时出去租了个房子，想留杨绛和外孙女在身边住久一些。

　　杨绛虽然想时时陪在父亲身边，承欢膝下，但是自己毕竟是钱家的媳妇，老住在娘家不好，懂事的杨绛便带着圆圆钱家住几天，自家住几天。

一九四一年，钱钟书从湘西回到上海，杨绛开始长住在钱家。钱家人口众多，都生活在一起，狭小的空间里，生活着老中小三代人，杨绛不得不从之前的四小姐、留学生变身成为儿媳妇。

做人家儿媳妇不是那么简单的事情，所谓上有老下有小，很多家务要学，还有自己的女儿需要照顾，那段时间的杨绛有些难熬。她本身跟钱家人并没有太多的共同话题可以聊。

家中人一多，杨绛就会有些尴尬，后来她弄了个缝纫机躲在角落里，给钱钟书和圆圆做衣服，这样便有事情做了。

在家里杨绛很少当着大家的面看书，她怕大家觉得她是在故意摆小姐姿态，留过学便瞧不起人。她就是这样，很照顾周围每个人的感受，虽然她很想有单独的时间来看看书，跟钱钟书聊聊天谈谈心，在国外最简单的生活变成了现在最奢侈的希望。

之前在牛津留学的一天，钱钟书午睡的时候，杨绛在一旁临帖，中午的时间让人很容易犯困，不知不觉地杨绛便睡着了。钱钟书醒来，看到杨绛睡了，便用浓墨在她的脸上画了个"大花脸"。刚落笔杨绛就醒了，但是没想到杨绛的脸十分"吃墨"，洗了好多遍都洗不掉，脸都快洗破了依然有颜色，一旁的钱钟书像是犯错的孩子，呆呆地看着，从那以后就不敢再画杨绛的脸了，但却不时地只给她画了一幅肖像，上面再添上眼镜和胡子，聊以过瘾。

后来有一天，女儿睡着了，钱钟书兴趣大发，又在女儿的小肚皮上乱画，这次他被杨绛一顿严厉地训斥，再也不敢妄为了。

钱钟书哄阿圆玩有好多方式，都是他自创的，父女俩玩得很开心，外人都参与不进来，有时候连杨绛都只有在一旁看的份儿。那时候每天临睡之前，钱钟书在女儿的被窝里面"埋地雷"，但凡是能塞到被子里的东西，都被他一层一层地埋了起来，里面玩具、镜子、梳子、砚台，甚至还有毛笔，塞好之后，就等待女儿发现。

时间长了，阿圆成了"排雷尖兵"，她会一遍一遍、一层一层地搜查，然后嘲笑爸爸，爸爸也不气馁，第二天接着埋，这么个无聊的游戏，两个人玩多少遍都不倦，每次都哈哈大笑。

在上海沦陷的时候，大家生活在极度的压抑和恐慌中，当时发生了一件事，杨绛后来描述这件事的时候，用了很风趣的方式。当时是厨房着火了，三个人都在，父女俩这样反应："忽见圆圆惊慌失措地从厨房出来急叫：'娘！娘！不好了！！！快快快，快，快，快！！！'接着钱钟书也同样惊慌失措地喊：'娘！快快快快快！！！'"

杨绛赶忙灭火，再看一旁的父女俩，丝毫没有紧张和恐惧，在一旁"快活地嘻嘻哈哈"。那天的杨绛"吃了一小碗粥，堵在心口，翻腾了半夜才入睡"。她总是跟在他们两个身后打扫战场。

那段时间，杨绛方方面面都做得很好，书香世家出身的小姐出嫁后，文能提笔作诗，"武"能做饭煮菜，在外落落大方、出口成章，在内相夫教女、侍奉公婆，得到了钱家老少一致的认可，连婶婶都夸她是"上得厅堂，下得厨房；入水能游，出水能跳；盐钵头里的蛆，咸蛆（贤妻）也！"

圆圆到了新环境有些搞不清楚状况，当时她正在学说话的时候，周围的人有说法语的对门太太，有说无锡话的爸爸妈妈，还有说普通话的人们，她开始东一句西一句地学起来。她跟杨绛说的第一句话是"那（外）公说我杜（大）那（额）角楼（头）"，让杨绛笑弯了腰。

后来，杨绛三姨妈家的表姐把霞飞路的房子腾出一间给杨绛父亲和兄弟姐们住，地方还算宽敞，杨绛也有了一个安稳的住处，不用跟钱家人挤在一起了。

杨绛刚嫁到钱家的时候，钱家本打算让杨绛像传统的女子一样，留在家中做家务，只相夫教子便好，不要出去工作。杨绛的父亲说："钱家倒很奢侈，我花这么多心血培养的女儿就给你们钱家当不要工钱的老妈子！"

不住在一起，便没有那么多家务事要做。随后杨绛被推荐给一个富商的女儿补课，内容是高中的课程，之前还偶尔去钱家，给公婆买些东西，有了这个补课的事儿之后，整天都安排了课程，也没什么时间过去。阿圆由自己的父亲带着，父亲自称自己是"奶公"，阿圆很喜欢"奶公"，总是玩得很开心。

在外留学的三年，杨绛一直觉得愧对父亲的养育之恩，母亲离开之后，杨绛暗暗下决心要像母亲在时那样照顾父亲。霞飞路的住所成为大家聚会的地方，三姐和七妹时常回来，大家热热闹闹的。杨绛很细心，尽量把一切事情都替父亲想到，带父亲理发、买衣服、买鞋，还为父亲买爱吃的点心。

女儿是贴心的小棉袄，这句话在杨绛身上体现得淋漓尽致。为了知道父亲喜欢吃哪种糖果或者点心，她将父亲床头柜上的罐子都分类装满，然后偷偷地去看哪个罐子缺得多，哪个罐子里的东西就是父亲喜欢的，然后就马上补齐。每次她都是轻手轻脚悄悄地去瞧罐子，以为父亲不知道，觉得自己做得"滴水不漏"，暗暗窃喜。

在父亲去世之后，杨绛收拾父亲房间时，看到了父亲的一捆日记，那段时间的日记里父亲清晰地记录着这一切，父亲把孩子们暖心的举动看在眼里，变成了亲情上演的"小把戏"，如此胸怀的父亲，怎能不敬？杨绛看到这些文字，眼泪夺眶而出。

"孤岛"上的旧时光

日子在国难的背景中艰难地前进，这天一个"旧相识"突然到访，那就是之前杨绛母校——振华女校的老校长季玉先生。对于恩师的到访，杨绛十分意外，两人已经多年未见面了，杨绛已经从一个女孩晋升成一位母亲，季玉先生的双鬓也生了白发，沧桑了不少。

杨绛很激动地说："怎么敢当让您来看我？"

季玉校长直接说了此行来的目的，她想让杨绛帮她的忙，说："振华，振华，振兴中华！"杨绛看着眼中泛着泪光的老校长，很感动，却不知道自己能帮些什么，她以为是去学校教课，便说："我也许能教一两门课……只半年。"

老校长没解释什么，说今天有事，明天详谈，留下地址，并约定时间后，便匆匆离去，留下满心疑问的杨绛。

杨绛准时赴约，她原本以为会是振华女校的一些校友聚会，结果只看到季玉先生一个人。季玉先生告诉杨绛校董事会要请她吃饭，要让她做校长。听季玉先生这么一说，杨绛忙摆手，直说做不了做不了，说自己资历浅，没做过校长，而且还有更适合的人。

季玉校长把她说的事情都推翻了，结论是，做也要做，不做也要做。说自己会帮助杨绛，教她如何去做这个校长。没等杨绛再说什么的时候，来接她们的车就到了门口，只得上车。

杨绛不愿做校长还有一个不方便说的原因，便是父亲对她从小的影响：做什么也别做官。这么多年，杨绛看着父亲做这个官遭到了多少不平事，便一直听父亲的劝告，做专家也不做官，连大学里的系主任都不要做，安心做学问最好，这做校长的事情应了父亲之前说的一句话："狗耕田、牛守夜！"

心里矛盾时，杨绛来请教父亲，这事该如何是好。杨荫杭之前是振华学校的校董事会成员，更了解振华女校的历史，对季玉先生的人品也是非常肯定，他的建议是：此事可做。

经过思考，杨绛决定去做这个校长，便开始了准备工作。学校建校是个很烦琐的事情，杨绛过来任职的时候，什么都没有，甚至连工资都没有。她开始忙着选择合适的地方租来当学校，需要去选择学校的老师，需要学习如何做预算，做薪水，需要学习如何去统筹各个老师，约束他们，这些季玉先生都一点一点交给她，最后，老校长将振华女校的美元存折和钤记印章亲自交到杨绛的手里，说："归你全权处理，我走了。"

她觉得，杨绛像是学习飞翔的小鸟，如果不放手，它永远不敢自己飞。自己走了，杨绛一切都会做起来，她相信杨绛会做得很好。当时的杨绛也是暗自下决心，就算是"狗耕田"，也要耕好。

一九三九年，筹备了一年时间的振华女校分校开始招生开学了，杨绛的父亲推荐了几个老师，杨绛也推荐了几个人过来，分别任各个学科的老师，而自己也没闲着，她教高三班的英语课。学校的老师班底基本完成，学校的学生有一部分是之前的，还有一部分是来上海逃难的家庭里的孩子，振华分校由此开始走向了正轨。

　　杨绛是个很有责任心的人，尤其是对于她认为有意义的事。她做校长以来，一直兢兢业业，连陪女儿的时间都少了很多，女儿生病出疹子的时候自己都没有时间去陪，心中不免亏欠。但是看着学校的学生重新坐在课堂里，她又觉得自己做的是对的。她投入了全部的精力去经营学校，管理教学，有了一套成熟有效的管理方法。

　　半年下来，振华女校在杨绛手里经营得有声有色，聪明能干的杨绛没有辜负季玉先生的期望。但是她是真的很累，不但要做校长，还要继续给富商的孩子补习，还要教学校高三班的英语，忙得不可开交。

　　因为不能时刻陪伴女儿，她只是难得地抽一会儿工夫，给阿圆唱个童谣，哄哄她笑，好在表姐家女儿跟阿圆岁数相仿，两个孩子时常一块玩，不吵架，小表姐读书，她就坐在对面听。

　　有一次，杨绛看到阿圆看着小表姐手中的书出神，她看了一下是套《看图识字》，便也给阿圆买了一套，当时两岁半的阿圆居然认识每一个字，但是阿圆拿书却是倒着的。杨绛后来想明白，是因为阿圆在看小表姐读书的时候是坐在对面的，她用心地记住了每个字，但是看到的却是倒着的字。

　　知道真相的大家赶忙教阿圆认字，小小的她完全继承了父母的智商，学字学得又快又好，学过就不会忘。

　　阿圆从小就讨大家的喜欢，大家都爱哄着她，说她是个可爱的娃娃。杨绛觉得，阿圆讨大家喜欢是因为她很懂事，大人讲道理她就能听进去，而且能很明白，还很乖巧，很有自控能力，管得住自己。有一年阿圆得了场病，肠胃弱，吃什么不小心了便会坏肚子，小孩子都嘴馋，这个想吃那个想吃，但是如果哪个是妈妈说了不能吃的，她就乖乖地不再要，不哭不闹。

有个学生给杨绛送来了一大篓的枇杷，阿圆从来没吃过，杨绛不敢让阿圆吃，怕她又闹肚子，阿圆就在旁边扯着杨绛的衣角，眼角还挂着小泪珠，眼巴巴地看着妈妈，这样的孩子怎么能让人不疼爱！

阿圆三岁的时候，看见一个"朋"字，便喊妈妈说："这两个'月'在亲热呢！"杨绛十分惊喜女儿的"两月相昵"的妙思。钱钟书得知后高兴极了，诗兴大发，遂作诗一首："颖悟如娘创似翁，正来朋字竟能通。方知左氏夸娇女，不数刘家有丑童。"诗意为女儿聪慧有创意像父母，既有左思之女的貌，又有神童刘宴的才。

杨荫杭对这个外孙女特别宠爱，像对小时候的杨绛一样。那么多年，这么多兄弟姐妹，没有人跟杨荫杭在一张床上睡过，之前没有战乱的时候，杨荫杭的床很大，现在逃难出来，床只比单人床大那么一点点，但是他也要阿圆与他睡一起，不愿分开。

床上还有杨荫杭的一个宝贝，是一个台湾席子包的小耳枕，那是之前杨绛母亲还活着的时候给他特意做的，中间留了个窟窿，可以放耳朵，母亲去世后，父亲对这个更视为宝贝，他却只给阿圆睡，看着阿圆的时候也总是笑着的，怎么看都看不够。

杨绛的弟弟留学维也纳医科大学要回来了，杨绛觉得家中太挤，便主动提出出去住，搬出去之前，外公和挨在身边的阿圆说："搬出去，没有外公疼了。"阿圆一下子就懂了，眼泪大颗大颗地掉了下来，像是珠子连在一起，大眼睛被眼泪遮住了一半，把外公的膝盖都浸湿了，很少落泪的外公也跟着哭了，好不伤心。

小阿圆那时候已经会走了，闲不住，总是在屋子里走来走去，姿势像极了钱钟书，连平时看书时翻书都是一个样儿的，杨绛都奇怪，钱钟书不总在，她是什么时候学的呢？

阿圆在大姨的指导下，学会了好多字，跟父母一个样儿，特别爱看书，还爱挑长的故事看，杨绛就给她挑带着画的故事书买。一次，她买了一套《苦儿流浪记》，阿圆在旁边开始翻看，哪知刚看了个开头就大哭起来，很伤心的样子。杨绛忙安慰，告诉她这只是个故事，而且只是个开头，读下去结局是好的，但是阿圆还是很伤心，看到这本书就哭，杨绛只好把书藏了起来，不让它来惹女儿伤心。

多年以后，阿圆已经是大学教授了，有一天她告诉杨绛，她找到了《苦儿流浪记》的原作者是谁，译者又是谁，结局是怎样，原来那份牵挂并没有被妈妈藏起来，而是偷偷地留在她的心底，一直到成年。

虽然有人陪伴，但阿圆还是喜欢和妈妈玩，杨绛因为工作很少有时间陪阿圆，阿圆看到妈妈走进家门，她就紧紧地跟在后面，像个小尾巴，但是当妈妈坐下打开本子的时候，她就会走开，小脸蛋上写满了落寞。她知道妈妈要工作了，没时间陪自己，她觉得是那些本子抢走了自己的妈妈，用自己小小的拳头打那些试卷，眼里还有泪珠儿，杨绛看了心疼得不得了。

被冷落了的，不只是在身边的人。当时的钱钟书只身在外教书，相对清闲些。之前的三年两个人事事都在一起，回到国内就这样分开了，他很不习惯杨绛不在自己身边，之前的他就有个习惯，如果不在杨绛身边，他就会每天认真地写日记，把一天发生的事都记下来，留给杨绛看。

他常常给杨绛写信，但是收到的回信却少之又少，杨绛实在是太忙了，他写下"万念如虫竞蚀心，一身如影欲依形"。一九三八年九月下旬，他有一次机会回上海看望家人和亲属，但是时间很短暂，当时杨绛正为筹备建校四处奔走，他心疼她太辛苦，但也十分支持她这么做，毕竟杨绛的一身才华，留在家里太可惜了。

吵架的约定

　　夫妻一辈子，没有不吵架的，有的架吵了就是吵了，过去也就过去了，有的架会成为生活的调味剂，让人从中吸取经验，以防后患。前者让夫妻矛盾像井中之石，越积越多，后者让夫妻矛盾像深井之水，越沉越清。

　　钱钟书回来的时候，钱家没有他住的位置，因为辣斐德路的那几个房间已经被亲戚们挤得满满的，杨荫杭得知女婿回来，便叫两个女儿跟他挤一挤，然后把房间让出来给钱钟书。这个安排让钱钟书很开心，因为有了跟杨绛单独相处的时间，两个人结婚之后哪有过这般长时间的分开，巴不得有这么一个小屋子让他倾诉衷肠。

　　钱钟书自小爱看字典，这个倒是和杨绛一样，杨荫杭发现了这件事，对杨绛说："哼哼！阿季，还有个人也在读一个字、一个字的书呢！"杨荫杭很欣赏钱钟书，两个人十分投机，相谈甚欢，观点也很多都相同，平时两个人都很缺乏聊天的对象，所以两个人凑到一起难免聊很久。

　　但是钱钟书是个很孝敬的人，每天早上都会从杨父家回钱家给家中长辈请安问好，杨绛因为筹建学校的事焦头烂额，便只能他自己来，自己回。有一天，他回来的时候，杨绛发现他的神情有些不太对，知道肯定是有什么事发生了，问了才知道，是父亲来消息，想让他到湖南蓝田国立师范学院做外文系的主任。

这件事情也不是钱父的一时兴起，在此之前，钱父就到湖南蓝田国立师范学院帮助一位故友廖世承去建校，钱父想让儿子来自己身边，这样方便照顾自己，也有了个伴儿。

钱钟书并不想去，因为在清华大学的这份工作他是真心喜欢，而且机会实在难得。但是钱家上上下下都希望他能听父亲的安排，他也动摇了，便问杨绛的意见是什么。

这时杨绛告诉他，他应该尊重自己心中最真实的想法，想去还是不想去，把道理都讲给家里人听，让他们知道钱钟书自己的希望是怎么样的。

无论是长幼之间，还是夫妻之间，总会出现意见不统一的时候，解决分歧的方法很重要，并不是一味妥协或者一味坚持就是对的。

之前在刚出国的轮船上，杨绛和钱钟书发生过一次争吵，吵架的原因后来想起来有些可笑，是为了一个法文"bon"的读音问题，钱钟书的读音被杨绛称为乡村口音，钱钟书不服，觉得杨绛读得不对，两个人便争吵起来，钱钟书还说了些过激的话，杨绛也没让着他，两个人唇枪舌剑，谁也不服谁。吵了半天，没有结果，杨绛找了一个会说英语的法国太太给评断，到底钱钟书的读音有没有问题。

法国太太仔细地听了钱钟书和杨绛的读音，下结论说杨绛是对的，钱钟书的口音确实有些问题，争吵告一段落。但是说了那么多伤人的话，两个人无论输赢，都很伤心，后来两个人对这种分歧商量出来一个对策，那就是各持己见，对方不干预，允许有第二种答案存在。

虽然对于分歧的出现，两个人通过"实战"总结出了方法，但是从那以后，两个人都很少吵架，大多数事情都是商量着处理，好在两个人的观念大部分都是一致的。这次钱父要求钱钟书换工作的事情，杨绛也想让钱钟书表达出自己的想法来，每个人都有决定自己选择的权利。

后来杨绛也问了下父亲，想听听父亲的建议，但是她从父亲那里得到的却只有沉默和沉思，父亲的沉思让她陷入久久的思考，这毕竟是一件大事，钱钟书应该有自己的想法，但是也不能强硬地反抗家中的意见，最好的方法就是表达立场。

钱钟书决定听杨绛的建议，跟家中交代自己的想法，杨绛那天也陪他回了钱家，没想到等待他们的是所有人的"群起而攻之"。钱钟书在家中的施压下妥协了，看着丈夫脸上细微的变化，杨绛心疼不已，但也束手无策。

后来钱钟书给清华大学外语系主任叶公超写信，把要辞去工作的事情说了一下，但并没等到回信，后来他就去了蓝田国立师范学院。

在他刚出发后没几天，杨绛接到了清华大学的电报，内容就是问钱钟书为什么不回复梅贻琦校长的电报，杨绛想了一下，他们夫妇并未收到过梅校长的电报呀！因为钱钟书还在路上，那个时代无法及时联系上，她只能把收到的清华大学电报转寄给了蓝田国立师范学院——钱钟书的新工作地点。

这趟路程，前后花费了钱钟书三十四天的时间，这之后他才看到杨绛转过来的电报，心中十分愧疚，觉得对不起之前母校对自己的重视和期望，无奈他也有自己的苦衷，造化弄人吧！

这件事情让叶公超先生十分生气，以至于一次他见到袁同礼说："钱钟书这么个骄傲的人，肯在你手下做事啊？"钱钟书能理解叶先生的生气，毕竟自己干了还不满一年，母校又很重视他，还对他"特殊"安排，而他就这样辞职转校了。叶先生可能会以为是钱钟书骄傲了，已经不屑于在他手下工作了。但是事实上，钱钟书对母校老师的尊敬，对叶先生的崇拜，连杨绛都深受感染，他怎么会是那种骄傲的人呢！

待了短短几天，又是要分开的时候了，那天只有杨绛一个人送他走，依依不舍却万般无奈，依依惜别却终会分开，情深至此，夫复何求。那天送行的情景，两个人牢牢记了几十年……

之前与季玉先生说的半年时间很快就到了，杨绛便认真地写了辞职信邮寄给在东山的老校长，季玉先生得知消息后很快赶到上海，问杨绛为何要辞职？杨绛只道是之前约定的半年期限已到，她也算如约完成了"任务"，现在要交成绩了。季玉先生不同意，劝她再继续干半年，杨绛答应了，也说好了暑假就辞职。

半年过去了，期末考试也结束了，杨绛又提起这件事，季玉先生还是不想让她走。千辛万苦挖来的人才，学校也管理得十分顺畅，怎么能轻易放走？可是面前的杨绛去意已决，两个人都很坚持自己的想法，后来杨绛想了个办法，推荐沈淑来做这个校长，并征得了沈淑的同意。沈淑是杨绛的同学，也十分优秀。

暑假时，杨绛召开了董事会，要在会上宣布自己辞职的事情。季玉校长感到奇怪，到场的人只有几位核心人物，董事长没有来，便问："沈淑怎么还没来？"

杨绛答："她等杨永清先生用汽车接她和Dr.Nance一起来。"

杨永清先生是东吴大学第四任华人校长，Dr.Nance是文学史博士，东吴大学第三任洋校长，两个人都是校董事会成员，他们平时是很少参会的，季玉先生这才明白杨绛的用意是什么，马上叫几个核心人物闭门商量对策。

随后，杨绛被三位老前辈叫来谈话，结果就是，辞职，可以！辞了大家还会留她，她就不可以再坚持了。

杨绛虽然不想这么做，但是老前辈的话不容反驳，只好低着头不说话。这时沈淑一行人也到了，那天沈淑已经做好上任校长的准备，还精心地打扮过了。但是会议的进程果然就如老前辈们所言，辞了，被挽留了，不能反驳。

杨绛并没有放弃，陆续地找大家说辞职的事情，最后季玉先生实在是拗不过她，只好任命其他人了。杨绛终于辞职了，有时间做自己想做的事情，但是她对振华女校的关心是从来没有间断过的，对季玉先生的愧疚之情也一直都在，还以老校长为原型创作了短篇小说《事业》，来纪念这位让人尊敬的教育工作者。这位"孑然一身，以校为家"的老校长，成为杨绛一辈子的牵挂，而且季玉先生终身未婚，像季玉先生自己说的：我已经嫁给了振华！

杨绛这段校长经历告一段落，名义上她做了两年，事实上只做了一年，还是半年又半年地坚持下来的。这段经历，让她收益颇丰，不是物质上的，是精神上的，她知道了为人处世之道，也增加了人生的经验，之前以为自己做不来的事情，也做得顺风顺水，不过她始终没有放弃自己的文学梦，那个想法一直存在于她的心底，丝毫没有因为时光的远去而淡化。梦想最闪亮的不是因为成功的喜悦，而是一直存在的坚持。

振华中学上海分校校长，是杨绛一辈子当的最大的"官"，她尽了自己最大的努力，却谦虚地认为"我做小小一个校长，得到一个重要经验，影响我一生。我自知年轻无识，留心在同事间没半分架子，大家相处得很融洽。但是他们和我之间，总有一条不可逾越的界线，我无法融入群众之中。我懂了做'领导'的与群众的'间隔'，下决心：我一辈子在群众中，一辈子是老百姓之一"。

卷七
Chapter · 07

悟梨园 · 结缘于剧坛

当人们在渴望着呐喊却无法发声的时候，当遇到侵略和压迫却无力反抗的时候，当对生活失去希望的时候，还有什么可以支撑着生命？只有梦想。

战争的困扰和生活的艰难，让当时的人们都活在巨大的压力之下。杨绛并没有放弃自己心中关于文学的梦想。在特殊的社会背景之下，她的梦想从另一个枝头上发出了枝丫，那便是——戏剧。这个把文学、表演和舞台结合起来的艺术形式，让她把自己对生活的理解更加具体地表现出来，让她的文学梦想，投射出璀璨的光芒。

只有死别，不再生离

人说：距离产生美，大概意思是怕朝夕相处久了，两看两相厌。但不是所有人都需要所谓的"距离"，当你的恋人和你的灵魂伴侣、朋友是一个人的时候，无论在一起多久，都两看两情深，只叹白驹过隙，百年一瞬。

一九四一年夏，钱钟书回到上海过暑假。之前对于离开清华大学转去蓝田国立师范学院的事，他一直心中有愧，这段时间他获悉清华大学想要聘他再回去，他很高兴，所以这次回来他就辞去了蓝田国立师范学院的工作，做好了回清华大学的准备。

之前钱钟书答应父亲去蓝田国立师范学院之时，有过一年之约。他只去那边待半年，每天侍奉父亲，端茶倒水，说话聊天。在国外的时候他学会了熬鸡汤，所以也会经常给父亲炖些鸡汤补身子，不过钱父似乎不太"领情"，他说："口体之养，不是养志。"很明显，两个人对"养志"的界定是不一样的。

钱钟书曾经给清华大学的秘书长沈履写了封信，大致的意思就是："不知一年后可还我自由否？"一年后，钱钟书怕父亲反悔之前的约定。钱钟书是了解父亲的，果然父亲不想回上海，钱钟书便借着放假的时候，辞职回来。

　　杨绛说，他像"痴汉等婆娘"一样等待清华大学的聘书，但是一直都没有消息，不知是石沉大海，还是本就空穴来风。他在焦灼中继续等待，他还是希望只是因为战事耽误了而已，一直等到年底依然没消息。此时战局发生了大变化，因为日方偷袭珍珠港，太平洋战争正式爆发，上海在战争中沦陷，"孤岛"也被汪洋大海吞噬了。钱钟书只好留在上海和杨绛守在一起，面对越发动荡的现实，力求平静安全地生活。

　　因为钱钟书一直没有工作，杨荫杭将自己在震旦女子文理学院的钟点授课让给了他，让他可以赚钱维持生活，自己也可以休息下。

　　钱钟书刚从蓝田国立师范学院归来的时候，因为旅途的颠沛辗转，样子十分狼狈，头发长了，也不整齐，一身长衫在旅途中也"蹂躏"得不成样子。阿圆见到了他，已经认不出是爸爸了，也不怪阿圆眼生，她已经近两年没有见过父亲了，她便站在那里警惕地盯着这个"陌生人"。这个"陌生人"还把他的行李箱放到了妈妈的房间，她就更不放心了，小小的她还想保护妈妈呢。

　　这种疑虑在晚饭时分爆发了，她大声对爸爸说："这是我的妈妈，你的妈妈在那边。"一句话逗笑了在场所有的人，只有她表情依然严肃，皱着个小眉头，她要赶这个"陌生人"走。

　　钱钟书看着女儿可爱的小模样，笑着问她："我倒问问你，是我先认识你妈妈，还是你先认识？"

　　"自然我先认识，我一生出来就认识，你是长大了认识的。"这句话让杨绛记忆犹新，她不知道小小的人儿是怎么想到这些话的，钱钟书被女儿的话逗笑得前仰后合，他拉过阿圆，趴在她耳朵上说了句什么话，阿圆一下就改变了态度，跟爸爸亲昵起来，连妈妈都比不了。

　　当时钱钟书说的什么话，成了他跟女儿之间永远的秘密，女儿是爸爸前世的小情人，是这辈子的小棉袄，阿圆还是爸爸的"好哥们儿"，到最后都是。阿圆最喜欢爸爸了，也最喜欢爸爸跟自己玩，用奶奶的话说，钱钟书和阿圆就是"老鼠哥哥同年伴儿"，两个人一起疯一起闹，也一起讨打，之前的阿圆文静乖巧，爸爸回来之后就变成了"人来疯"，闹得很。

这也难怪，阿圆小时候乖巧是因为一群长辈教导她读书、写字、讲故事，却没有一个跟她玩的伙伴儿，爸爸回来了，变成了她的"小伙伴"，让她体会到了没有过的快乐，属于童年的欢笑。钱钟书疼女儿，从生出来就疼，为了给阿圆唯一的全部的爱，他跟杨绛决定只要阿圆一个，把阿圆放在心尖儿上，一起玩耍成了父女俩的相处方式。

钱钟书来到震旦女子文理学院顶替岳父的岗位，做钟点教学，一段时间后被学校正式聘为教授，而且一直工作到抗战结束。工作期间，钱钟书与同事陈麟瑞成为很好的朋友，两家住得很近，两家的太太也成了好朋友，经常来往，杨绛后期的剧本创作也是受了麟瑞的影响，当时他很鼓励杨绛进行戏剧创作，这也成为她走上这条道路的一个原因。

陈麟瑞毕业于清华大学，先后留学美国、英国、法国、德国。回国后在多所知名的大学任教，包括上海暨南大学、复旦大学、光华大学、震旦女子文理学院，长期从事翻译和戏剧创作，笔名石华父，有很多优秀的作品，《上海抗战时期文学丛书》曾出版过他的剧本选集，包括《职业妇女》、《晚宴》、《雁来红》等。他为人忠厚，待人谦和，杨绛对他印象很好，他的工作态度十分严谨，尤其是对剧本的要求更是严格。他对可笑事物的研究很深，还收藏了很多关于笑的心理学的书籍，杨绛常借来读。他还针对剧本的创作指导过杨绛，杨绛对此十分感激。

在剧本的创作过程中，钱钟书的另外一个朋友——李健吾也给予了杨绛很多帮助，他是钱钟书清华大学的校友，曾经留学巴黎，回国后创办上海实验戏剧学校，长期从事外国戏剧改编，并自己创作剧本、短篇小说和散文，还会自己做戏剧的导演。他对福楼拜及莫里哀都有很透彻的研究，曾经大量翻译福楼拜的小说。

钱钟书的散文集《写在人生边上》在那段时间出版，陈麟瑞、李健吾对此提供了很多意见和建议，钱钟书为了表示对朋友帮助的感谢，几个人聚在一起吃顿饭，杨绛也参加了。席间聊起戏剧创作，大家一致鼓励杨绛尝试戏剧的创作，并聊到了很多中国当时戏剧的现状和未来的发展，杨绛心中有了戏剧创作的萌芽。

那段时间，战争依然在继续，之前辅导的富家小姐高中毕业后，她便不再教了。一段时间之后，傅东华带女儿去了内地，他女儿本在一个小学教书，这么一走，职位就空了下来，杨绛就接了这份工作。

杨绛做什么都是很用心的，虽然她没有受过正规的师范院校培训，但是她有一套自己总结出来的方法。其他老师都不喜欢教一年级的孩子，因为刚从家中出来上学的孩子根本没有规矩，课堂上闹哄哄的。杨绛只用了三节课，便记住了所有孩子的名字，一旦哪个调皮捣蛋了，便直接叫他的名字，喝止住他，她从不笼统模糊地称呼学生"小同学"、"小朋友"，孩子们看到老师"洞悉一切"便也怕了，听话了。

当时小学被日本人管制，属于半日制的学校。虽然杨绛不愿意跟日本人有任何交集，但是生活所迫，她只能继续在这里工作。

当时上海处于水深火热中，日本人四处设卡，盘查来往行人，稍不留神就会有"杀身之祸"，每个生活在上海的人都在胆战心惊中度过。杨绛当时从位于辣斐德路的钱家到学校上班有一段很远的距离，她需要乘车到法租界，然后再步行一段不短的路程，穿过不是法租界的区域，然后再乘车才能到学校。

那天，杨绛也经历了一次"胆战心惊"，后一段车是有轨电车，需要通过黄浦江大桥，但是桥上有日本兵把守，只允许空车过，乘客必须下车走过去，过了桥再上电车。路过日本兵哨位的时候，要向那里的日本兵鞠躬，日本兵上车检查的时候，所有的人也需要站起来鞠躬。杨绛很讨厌这个举动，那次她比大家站起来稍微晚了一点，被日本兵发现了，大怒，面目狰狞地走到她面前，用食指在她下巴处用力一抬。杨绛也大怒，盯着那个日本兵的眼睛，狠狠地说："岂有此理？！"

寂静的车上，被四个铿锵有力的字响彻，大家都屏住呼吸，想这个弱小女子何来的胆量跟日本人叫板，大家都替同胞捏了把汗。

日本人显然没料到这个女人是如此的反应，愣了一下，看着她的眼睛，就这样对峙了许久，杨绛丝毫没有退让或者示弱的意思，最后是那个日本人先"败下阵来"，转身下车离开了。

车重新启动之后，车厢一下沸腾起来，大家都在议论这个女人是吃了什么熊心豹子胆，敢这般抵抗！

此时的杨绛像是经历了一场战争，长出了一口气，回想了这个过程自己都后怕，差一点就闹出大事，恐怕性命都难保了，她便放弃了电车，开始走路上班，后来也辞去了在小学教书的工作。

这份工作的待遇是不错的，除了工资之外，每个月还会有三斗的白米，战争年代食物是最珍贵的，虽然只是小颗的碎米，却远比市面上的好，当时日本人发给普通市民的白米里一半都是沙子，而且还是限量供应的。

杨绛没了工作，钱钟书独自承担起养家的重担，那时的钱钟书受到震旦女子文理学院领导的重视，还收了一个拜在门下的学生——家境不错的周节之，学生总让钱钟书代为买书，书买回来他自己都不怎么读，基本上都被钱钟书读了。那段时间，虽然其他条件艰苦，但是书却是十分富足的，他还给每本书上都写了"戒痴斋藏书"，专门弄了个"戒痴斋"的印章。

　　杨绛很知足，钱钟书对于这种生活状态也坦然面对，因为在他心中家人平安在一起才是最重要的，他曾对杨绛说："从今以后，咱们只有死别，不再生离。"

剧里剧外的"称心如意"

　　战事继续如火如荼，沦陷的上海一切物资都吃紧，钱钟书一介教书先生靠本事吃饭，没有大收入，却也稳当。一次，有人送了一担西瓜到钱家，并没有指名说是给钱钟书的，杨绛以为肯定不是送给钱钟书的，谁会送个教书先生东西呢！

　　不一会儿，送西瓜的学生来电话了，询问西瓜到没到，杨绛这才确定是送给钱钟书的，之前以为是送给堂弟的已经搬到那边房间里，得知这个后又搬了回来，这让阿圆开了眼，那么多大西瓜，都是送给爸爸的，爸爸竟然如此"有本事"，她说："爸爸，这许多西瓜，都是你的！——我呢，是你的女儿。"这点西瓜让阿圆骄傲了好些天，她和西瓜都是爸爸的，爸爸自豪地哈哈大笑。苦中作乐的他们，注定会乐观地生活下去。

　　西瓜这类的东西，阿圆可以吃，但是爸爸却爱逗阿圆，看她生气着急的小模样。每次有吃的东西，他就说："Baby，no eat。"她就懂了，这是不能吃的，但是逗的次数多了，她就懂得看爸妈的脸色来确定是不是真的不能吃。一次爸爸说"Baby，no eat"，她看了旁边妈妈的表情，说："Baby，yes eat！"情急之下，六岁的她居然会造成语了，爸爸妈妈被她逗得哈哈大笑。

战争给人们带来无止境的灾难，在巨大的压力之下，戏剧变成了当时人们最喜欢的文艺方式之一，很多人通过话剧的形式把对生活的压力和对局势的看法都融入其中，很多话剧团应运而生，专业和非专业的都有。据统计，一九四二年的上海剧团有二十多个，演员两百余人，前后上演的剧目多达五十多个。

杨绛在这个时候，进入了黄佐临夫妇、柯灵夫妇的视野。当时黄佐临、柯灵、李健吾和陈麟瑞几个人也组建了"上海职业剧团"、"苦干剧团"等剧团，当时上海职业剧团苦于无好剧本正在四处寻找。

一九四二年冬天的一个晚上，陈麟瑞做东请钱钟书夫妇和李健吾吃烤羊肉，因为他改编的剧作《晚宴》上演了，几个好朋友在一起吃吃喝喝，十分开心。这家饭馆的烤羊肉很特别，众人中间围着一盆柴火，羊肉就在柴上烤，空手拿筷子是拿不出来的，火苗直蹿，只得拿两尺多长的大筷子去夹，倒也别有一番风味。

陈麟瑞说，这种吃法来自蒙古人的正宗吃法，很有民族特色。这话让杨绛想起来曾经看过的书里的内容，便说出来跟大家分享，就是《云彩霞》里的蒙古王子，《晚宴》里的蒙古王爷了。陈麟瑞听杨绛绘声绘色地讲着故事，像亲眼看到一样，就说："何不也来一个剧本？"杨绛觉得自己缺乏经验，连看的次数都是有限的。不过朋友们的一再鼓励让她决定要试一试。

杨绛开始着手创作《称心如意》，完稿后先送给陈麟瑞"指导"一下，因为她相信陈麟瑞的专业性，对于自己的剧本处女作杨绛显得十分谨慎。陈麟瑞看过后，说："你这个剧本，做独幕剧太长，做多幕剧呢又太短，内容不足，得改写。"

　　杨绛之前确实没有写剧本的经验，换作别人听到上面的话，就可能放弃了这件事，杨绛却没有，她认真地参考了陈麟瑞的建议，把之前整段的大故事，拆成了四幕剧。稿子写完了，却缺个名字，杨绛思来想去，在亭子里来回地转，忽然心中就冒出来个词，就叫《称心如意》！

　　剧本经过细心地改写之后，交给陈麟瑞看。陈麟瑞看过之后说："这回行了。"便把本子交到了李健吾的手中。

　　杨绛在等待消息，不知道会得到怎样的评价。没过几天，接到了李健吾的电话，内容是：《称心如意》立刻排演，黄佐临亲自导演，李健吾也参演其中，那一刻杨绛十分开心，像是一棵树终于开花结果了，有一种收获的喜悦。

　　更让人兴奋的还在后面，经过一段紧张又密集的排练，一九四三年春天，《称心如意》正式公演，杨绛的作品第一次搬上舞台。

　　在此之前，杨绛一直用"季康"这个名字，戏在正式公演之前，需要在印刷的宣传片上印作者的名字，李健吾让杨绛起一个笔名来用，之前总有人把"季康"两个字读在一起就成了"绛"，那便叫"杨绛"吧，这灵机一动的名字，跟了她一生，大家都称呼她为"杨绛先生"。

　　公演期间，宣传做得很足，海报上"杨绛"两个字十分大，很显眼。连季玉先生都看到了，还特意向杨绛要了两张票，要带侄女去看，看完评价说很好，还问她："是你公公帮你的吗？"一句话把杨绛问笑了："这和我公公什么相干？"

　　还有人给钱钟书打电话道喜，以为本子是钱钟书写的，惹得杨绛大笑。剧本写出来的时候，杨绛曾让钱钟书看过，无奈钱钟书对戏剧没什么兴趣，草草看过后说了句"不错不错"就完了。

　　《称心如意》所讲述的故事就发生在二十世纪三十年代的上海，关于上流人士的下流品行，看透大上海浮华背后的真实世界。李君玉因为失去父母双亲不得不投靠亲戚，却不受亲戚们欢迎，处处遭排挤，像烫手的山芋，谁都不愿接受，最终却机缘巧合得到了朗斋舅舅的偏爱，认作孙女，有了一个称心如意的好结局。故事是泪中含笑，笑中有泪，幽默和辛酸交织在一起，浑然一体。

　　剧中的人物性格各异，都代表了当时特殊时代人的特征。每个人都有属于自己的关键词，祖荫——好色、冷酷，他夫人——虚伪，祖贻——崇洋媚外，祖懋——怯懦，他夫人——庸人自扰、杞人忧天，穿插了表兄妹繁杂的爱情观，交叉成了一台好戏。主人公经历了许多辛酸又可笑的事，最后称心如意，就因为她本身不卑不亢、不屈不挠的劲头儿。剧终强有力的语言和新颖的幽默点，引起了巨大的反响。

　　《称心如意》的一举成功让杨绛感到意外和兴奋，其实这并不是偶然的，殷实的语言功底，广读书的文学素养，留学的经验和对生活细致入微的观察力都是助她成功的支撑。当时的上海正处于中西方文化碰撞的特殊时期，也处于新旧社会交替的大背景之下，一场属于文化的"盛世华章"正在酝酿。杨绛初出茅庐，便一举成名，叫好声不断，这接二连三的好运让杨绛觉得真是太"称心如意了"！

　　该剧上映后，也受到很多专业人士的点评。其中复旦大学教授赵景深在《文坛忆旧》一书中曾经写过这样一段话："杨绛女士原名杨季康，她那第一个剧本《称心如意》在金都大戏院上演，李健吾也上台演老翁，林彬演小孤女，我曾去看过，觉得此剧刻画世故人情入微，非女性写不出，而又写得那样细腻周至，不禁大为称赞。"

　　杨绛最开始写剧本的时候，还有自己的一些小心思，那时没有了稳定收入的工作，她觉得写作或许能带来不错的收益，虽然《称心如意》广获好评，但是所收到的版税钱，只够几个朋友下顿馆子，吃顿熏鸡熏肉的。

受到认同的杨绛思如泉涌，一鼓作气创作了《弄真成假》、《游戏人间》、《风絮》。其中《弄真成假》成为她的又一喜剧代表作，上演后，成为了中国话剧界的经典作品。

在剧坛上大显身手

人们为什么喜欢看戏剧？因为自己的人生看似已经"定论"，却又好奇别人的世界是否也是阴晴圆缺。一场戏，个把小时，就能把另一个世界的喜怒哀乐呈现在眼前，谁都难免沉浸其中。有些话不能在现实中说出口，有些事不能在现实中成真，却可以在戏剧中找到希望。

《弄真成假》完成于一九四三年十月。故事讲的是在浮华的社会中，人们都幻想用捷径来摆脱贫困窘迫的处境，结果弄巧成拙，却也有了应该有的结果。

男主人公周大璋仪表堂堂，却家境贫寒，寄居在亲戚的小阁楼里，幻想娶了地产商张祥甫的女儿，有了可观的陪嫁，就进入了上流社会。为了这个目的，他抛弃了原有的情人张燕华，可张燕华是张祥甫的亲侄女，在叔父家寄人篱下，以为嫁给"诗礼之家"的周大璋后摆脱困境，最后的结果是周大璋、张燕华"弄真成假"。没有人梦想成真，但应了那句话——人生需要揭穿。

所谓可怜之人必有可恨之处，主人公的身世让人可怜之余，又发人深省，诙谐幽默的语言，反映了社会嫌贫爱富的丑陋。这部戏更注重人心理之处细微的描写，讲述了一个就发生在身边的故事，让人笑过之后发现自己就生活在这样"一场戏"中……

　　该剧一上演，便获得了比《称心如意》更好的反响，各大报纸都在刊登相关的评论，连演员都以出演杨绛的戏剧为傲，更是联名写了封感谢信给她，这也改变了戏剧界之前多以翻改外国作品的状况。

　　李健吾先生这样评价："假如中国有喜剧，真的风俗喜剧，从现代生活提炼的道地喜剧，我不想夸张地说，但我坚持地说，在现代中国的文学里面，《弄真成假》将是第二道纪程碑。有人一定嫌我过甚其词，我们不妨过些年头来看，是否我的偏见具有正确的预感。第一道纪程碑属诸丁西林，人所共知；第二道我将欢欢喜喜地指出，乃是《弄真成假》的作者杨绛女士。"

　　当时杨荫杭带着几个女儿一同去看了这部戏，亲临现场才知道观众的反应是如此热烈，多次都是全场哄笑，氛围很好，便问杨绛："全是你编的？"杨绛笑着点点头，回答："全是。"父亲骄傲极了。

　　这部剧的影响性一直持续到现代戏剧界，在二〇〇七年，杨绛先生九十六岁高龄那年，《弄真成假》再次搬上话剧舞台，杨绛先生专门写来一篇名为《"杨绛"和"杨季康"——祝贺上海纪念话剧百年》的文章，感叹："想不到戏剧界还没忘掉当年上海的杨绛。……我惊且喜，感激又惭愧，觉得无限荣幸，一瓣心香祝演出成功。"她同意在不修改原著的前提之下，免费授予该剧的版权。之前杨绛很犹豫，近些年翻拍的老戏众多，很多戏都为了迎合当下人的口味，改得面目全非，后来在导演杨昕巍多番解释和保证后，杨先生才同意。

　　《风絮》则是杨绛唯一的悲剧作品。该作品讲述的是一个知识分子专注于社会改革，带着妻子到乡间去，遭遇事情入狱后，妻子与友人齐力挽救的故事。戏是从主人公出狱开始演起的，充满斗志的他发现，妻子早在他服刑的一年中移情他处，对方正是跟妻子一起营救自己的人，纠结的两段恋情上演了一幕人间悲剧。

《风絮》这个名字，是钱钟书起的，所谓风絮，就是飘在风中的一朵杨花，虽然洋洋洒洒地曾经飞在天上，但总有一天要落地，成为一颗等待发芽的种子，也暗喻人就算有着无限宏达的理想，总是要坦然面对实际，否则便会迷失在风中，飘零一生。

杨绛的三个戏剧代表作，两部喜剧夸张地讽刺着社会中的每一种丑陋，让人们看到人性的污点，也弘扬了正确的能量。悲剧则是让人去思索人性的对错，让人去探索更深层次的存在意义，更加震撼心灵。

杨绛的剧本有着她自己的特点，每部都有错杂深入的剧情，机智风趣的对话，值得推敲的细节，引起共鸣的笑料包袱，十分引人入胜。对于语言和对话的处理，体现了杨绛对语言和文化的了解，有如行云流水般顺畅，完全可以代表一个时代的艺术水平。

杨绛的几个戏剧的剧本后来被收录在世界书局出版的《剧本丛刊》之中，新中国成立后于一九八二年重新出版。

在她创作的故事中，每个阶层的人物都存在，无论是位居高位的上层人物，还是市井小民，都会在故事中有着一席之地。旧中国中具有代表性的那些人物类型，让人们看到除去外表之后的灵魂到底是什么样的。杨绛有一双可以剖析世界的眼睛，站在精神层面主导着故事的发展动向，温暖该温暖的，抨击该抨击的，讽刺需要讽刺的。

杨荫杭看过《弄真成假》后的不长时间，也就是一九四四年春，带着家里几个人躲回了苏州庙堂巷的老房子里。

当时阿圆跟外公关系很好，外公走了一段时间，便很想念，暑假时候杨绛因为事情脱不开身，便让阿圆跟七妹一家去苏州老家。阿圆很开心，不但能看到外公，还有一群兄弟姐妹一起玩。

那段时间，阿圆玩得很开心，虽然老房子已经十分破旧。只是从苏州回来之后，她便没有再见过那个总是哄她玩的"奶公"了，杨荫杭于一九四五年三月去世。

当时父亲病重的时候，弟弟打电话通知了杨绛，杨绛当即决定第二天便回苏州。当时上海还在沦陷当中，铁路等要道都被日本人严控把手，火车票很难搞到，所以汽车成了唯一的途径。

第二天一早，杨绛和弟弟妹妹买到了回苏州的客车票，客车条件十分差，当天下着雨，车顶却只有一块破烂的帆布，乘客十分多，车里人挤人，只有很少的人抢到了座位，当时的杨绛已经无心顾及车上环境，一心只念着父亲要没事才好。

到了下午三点，汽车到了太仓，但是前方的路断了，河上连桥架子都没有，根本没办法继续。大家一筹莫展的时候，司机决定开回上海，怕在这里耽搁到天黑，没办法继续走不说，还可能遇到山贼或者日本兵，到时候就性命难保了。

杨绛急得团团转，但是一点办法都想不到，只好跟车又回来，回来的车开得飞快，逃命的速度。

回到上海钱家，一家老小都坐在客堂里，杨绛进来说："走了一天，又回来了。"疲惫不堪的她发现，大家的表情都有些凝重，仔细一想，大家都坐在这里，似乎像发生了什么，杨绛一下子明白了，愣住了神。

钱钟书走过来，拉着她的手，对她说："刚才苏州来电话了，爸爸已经过去了。"这句话像一句响雷震在了杨绛的头顶，她止不住地痛哭起来，那一夜，杨绛和弟妹三人，都没有睡。

后来家人托人买了火车票，杨绛一行人才回到苏州。父亲的棺木已经停在了大厅，上面有父亲的遗像。杨绛像从前一样，走到厨房，为父亲泡了一碗盖碗茶，端到桌子前……

父亲离开，做女儿的伤心不已。钱钟书很尊重自己的岳父，因为岳父的一言一行都很正直，他和岳父同爱诗词，常常在一起聊天。岳父走后的衣物和鞋子，他都可以穿，从不忌讳，因为他从心里敬爱岳父。

杨荫杭就盼着，什么时候战争能够结束，一切可以回到平静的生活，没有战争和杀戮，只有其乐融融的笑脸。但是，到最后他也没有等到这一天的到来，杨绛每次说到这里，都会叹息。

卷八
Chapter · 08

忘经年 · 生死不离祖国

怎样的人生才可以被称为成功的人生？杨绛用她的实际行动，给了我们一个完满的答案，她会与爱人一同收获成功。

　　在戏剧创作顶峰的时刻，杨绛选择辅助钱钟书进行创作，正是她的奉献才成就了后来的《围城》，他们的称呼从"杨绛的丈夫钱钟书"到后来的"钱钟书的夫人杨绛"，她的心中，装满了幸福。

　　自古以来，夫唱妇随，也只有在爱情中不计较自己的得失，才能换来更美好的未来。奉献从来不是一纸空文，需要莫大的耐心和毅力，更需要心中那种无怨无悔的等待。对于爱人才华的信任，让杨绛相信等待的结果一定是美好的。

甘做“灶下婢”

杨绛的戏剧作品陆续面世之后，杨绛的名字也经常出现在各大报纸和街头巷尾人们的口中，杨绛一度成为当时大学生和戏剧爱好者的偶像，有时钱钟书与杨绛一同出现在什么场合的时候，都会被介绍成："这是杨绛的先生。"

钱钟书在看过杨绛的《弄真成假》之后，走在回家的小路上，心中有一个想法冒了出来。他对杨绛说，他要写一部长篇小说，这本书就是后来享誉国内外的《围城》。

杨绛听到这个消息，十分高兴，她相信钱钟书有这个想法就肯定会做成这件事，对于文学，他们两个人都对对方有着充分的信任和期待。杨绛为了让丈夫心无旁骛地完成自己的想法，也有更充裕的时间来写作，便让钱钟书减少了在震旦女子文理学院的授课时间。

这么做的结果就是收入紧缩，所以生活上只能更加节俭，恰巧用人家中有事不再做，她便甘为"灶下婢"，亲自打理家中一切事物。杨绛曾经写过这样一段文字："劈柴生火烧饭洗衣等我是外行，经常给煤烟染成花脸，或熏得满眼是泪，或给滚油烫出泡来，或切破手指。可是我急切要看钟书写《围城》，做灶下婢也心甘情愿。"

那时杨绛想尽办法节省开支，她自己和煤末，做煤球，瘦小的身体踮着脚站在大水缸前，总是弄一脸煤灰；她还负责上街买菜，钱钟书知道她不好意思去菜场，之前的她几乎没有机会去那里，便陪她一起去，两人边说边笑地把菜买回家。

在创作《围城》的时候，钱钟书加入了很多跟杨绛一起经历过的场景，在这本书中也处处能看到现实的影子。在书中，描写苏小姐结婚的场景，就和他跟杨绛结婚的时候如出一辙，那个白硬领圈给汗水浸得又黄又软的新郎像极了结婚那天的钱钟书。

在当时，杨绛的名气是远胜于钱钟书的，后来《围城》的成功证明杨绛的这般付出是值得的。《围城》前后用时两年，从一九四四年到一九四六年。"两年里忧世伤生"，钱钟书在《围城》的序中慨叹这两年的时光。

钱钟书也是个浪漫的人，虽然留学西方，但是他更喜欢送东方的礼物给杨绛，比如写诗。

一九五九年他曾经给杨绛写过这样一段带着故事的诗："弄翰捻脂咏玉台，表编粉指更勤开。偏生怪我耽书癖，忘却身为女秀才。"言下之意，自己的笨拙让杨绛受累了，家中琐事只好拜托她，自己不会家务琐事，只是个会读书的书呆子，由此耽误了杨绛许多读书写作时间来照料自己，从而让杨绛的创作数量大为减少，几乎"忘却身为女秀女"。

这一切可能钱钟书没有说过，但是都在他心中感恩与感动，赞杨绛为"最贤的妻和最才的女"。

八年抗战，全国人民都经历了一场生死的洗礼，每个人的心情都是沉重的，对胜利的渴望也就越发迫切，抗战前线捷报频传，一些先进的思想在全国广泛传播，每个人都希望和平民主的那一天快点到来。

上海被日本人控制着，他们像是死神一样，每个国人都怕在街上遇到他们。但这是无法躲避的，就算你躲在家中不出门，意外还是会发生，他们还是会出现。每个深夜的警笛声，都是那样让人心惊胆战，不知道哪天会轮到自己。

一天上午，钱钟书像往常一样去学校上课，钱家众人和杨绛都在家中，突然一阵急促的敲门声响起，杨绛放下手中的活儿忙去开门，门外站的是两个日本兵。杨绛第一直觉就是来者不善，便客气地请他们进来喝茶，让他们先坐。趁着倒茶的工夫，溜进卧室把父亲的一摞《谈艺录》的手稿藏了起来，稿子是手写的，纸张很薄。

她倒好了两杯茶，端了过来，放在日本兵面前。日本兵问："这里姓什么？"

"姓钱。"

"姓钱？还有呢？"

"没有了。"

"没有别家？只你们一家？"

"只我们一家。"

杨绛应付了两句后，就退到了屋子里。这时候叔叔看到日本人手中有一张字条，上面写着杨绛的名字，便告诉杨绛躲一躲，她便从后门走了，去朋友家待了会儿，还吃了饭。这时候弟弟来了，说日本兵找的就是杨绛。如果杨绛不出现，日本兵就要把钱家人都抓走，杨绛就慌了神，让弟弟转告钱钟书千万别回家，说完自己就往家走。

路上，杨绛买了一篮子鸡蛋，拎着继续往回走。她走到家门口，敲了敲门，开门的是婆婆，看到杨绛拎着篮鸡蛋站在门口，很是吃惊。杨绛忙摆摆手，示意婆婆别说话，然后自己说："我给您买鸡蛋回来了。"然后往楼上走，日本兵还在，家里被翻得杂乱不堪，东西散落一地，家中的柜子也东倒西歪。

日本兵问她是谁，她说是"杨绛"，日本人大怒："那你为什么说姓钱？"

她恍然大悟地说："我嫁在钱家，当然姓钱啊！原来你们是找我呀！咳，怎么不早说？我给婆婆买鸡蛋去了，她有胃病。真对不起，耽搁你们了，我这就跟你们走吧。"

最后日本兵告诉杨绛第二天十点来宪兵司令部受审，说完就走了，军靴走起路来的声音都是那么让人心慌。

全家人都惊慌失措，担心杨绛第二天去会不会出什么事，倒是杨绛不慌不忙，开始整理翻乱的东西，清点是否有东西丢失，最后发现日本人拿走了一本通讯录，还有几封信，钱钟书的手稿幸存。

杨绛并不知道自己到底因为什么得罪了日本人，但是也没有办法，只好晚上准备了很多，比如，日本人提问问题，自己要怎么回答才能解围。第二天到了宪兵司令部，杨绛被问了几个问题，填了个表，就回来了，告诉她可能还会找她，并没有受什么刑罚，万幸。后来听说日本人找的是跟她同名的别人而已。

一同搞戏剧的朋友也有被叫到宪兵司令部的经历，显然没杨绛那样顺利，少则挨两个耳光，多则酷刑加身，生不如死，在日本人的黑暗笼罩下，人人岌岌可危。

父亲去世后，杨绛汇集了父亲生前的一些文章，取名为《老圃遗文辑》。杨荫杭丰富的经历、正义的文笔，加上对现实有力的抨击，有了"铁肩担道义，妙手著文章"的评价。

杨绛曾写过这样一段文字，字里行间都是对父亲无尽的思念："我父亲去世以后，我们姐妹曾在霞飞路（现淮海路）一家珠宝店的橱窗里看见父亲书案上的一个竹根雕成的陈抟老祖像。那是工艺品，面貌特殊，父亲常用'棕老虎'（棕制圆形硬刷）给陈抟刷头皮。我们都看熟了，决不会看错。又一次，在这条路上另一家珠宝店里看到另一件父亲的玩物，隔着橱窗里陈设的珠钻看不真切，很有'是耶非耶'之感。"

钱钟书写《围城》的时候，进度不算快，每天五百字左右，但基本是一次成稿，很少再改。他每段文字新鲜出炉，第一个"品尝"的一定是自己的妻子杨绛，他喜欢把写好的稿子让杨绛看一下，还跟杨绛交代接下来要怎么写，然后就盯着杨绛的表情，紧张得像个孩子。

《围城》定稿之后，最开始是在《文艺复兴》上以连载形式出现的，随后又编入《晨光文学丛书》。读者反响很好，前后几十载，由多家出版社多次出版印刷，读者遍布国内外，都被这本小说所吸引。钱钟书的知名度迅速提高，之前那个戏剧作家杨绛也变成了"钱钟书夫人"。

当李健吾看到钱钟书的手稿时，十分吃惊，不住地感叹：这个做学问的书虫子，怎么写起了小说呢？而且是一个讽世之作，一部"新儒林外史"！

钱钟书的围城写得实在生动，很多人都信以为真，以为是真发生在钱钟书身上的事情，把《围城》当成了钱钟书的自传来读。读者纷纷来信，表示同情，一些心地善良的漂亮小姐还写信表达要与他做"非一般的朋友"，就只因为读了书，实在是同情钱钟书的婚姻，也倾慕他的才华。

就算死，也要死在祖国

随着书籍的畅销，很多电视台向钱钟书发出请求，想把《围城》从书中搬到荧屏上。最开始钱钟书是拒绝的，他觉得小说妙趣横生，拍成电视未必会有同样的效果。

到了二十世纪八十年代初期，上海电影制片厂的黄蜀芹，偶然间在延安的一个小书店里看到两本《围城》，便都买了下来。说起来，黄蜀芹与钱家还有些缘分，她的父亲就是当时钱钟书的旧相识——黄佐临。黄蜀芹在拍戏的间隙就靠在小土炕上读这本书，被故事深深地吸引。她就有了拍《围城》的想法，但是她怕去了会被赶出来，之前便听说钱钟书先生曾言"拙作上荧屏实不相宜"。要拍《围城》，必先拜访钱钟书夫妇。

黄蜀芹便联系了父亲，让父亲帮自己写封"介绍信"，而且做了充分的准备，跟其他的工作人员反复阅读原著，体会其中含义，编写了电视剧本，然后带着信来亲自拜访两位老人。

到了钱家，两位老人得知是朋友的女儿，十分热情，杨绛给她讲了钱钟书创作《围城》的始末，让大家更好地感受这个故事创作的背景。还对她说："写《围城》的是淘气的钱钟书。"这句话给了黄蜀芹很大的灵感。

　　黄蜀芹的父亲黄佐临正是杨绛话剧《称心如意》的导演，在黄蜀芹小的时候，父亲经常骑着自行车带她去当时的长城电影院剧场排演这部戏剧。那时总会遇到在路上散步的杨绛、钱钟书，经常都会聊两句再各自去忙，黄蜀芹对这个镜头记忆深刻。

　　黄蜀芹带来的剧本，杨绛仔细地读了两遍，标记出来四十多处她认为不妥的地方，并且提出修改的意见，连道具和场景的选择上，她也给了很多很好的意见，后来都被采纳到拍摄中。

　　如何突出主题成了黄蜀芹的困扰，杨绛便写了几句话给她："围在城里的人想逃出来，城外的人想冲进去。对婚姻也罢，职业也罢，人生的愿望大都如此。"

　　钱钟书很同意杨绛的这句解析，对他作品最了解的人，永远都是他的夫人杨绛了。后来这两句话作为旁白，出现在了电视剧的一开头，也成为了这部剧的灵魂。

　　《围城》拍成电视剧总共十集，导演当时因为受伤，是在轮椅上完成这个工作的。当时导演和演员陈道明、葛优等人认真地核对剧本和原著，前后拍了一百多天，每个镜头和环节都力争体现原著风格，让那些本在书本里的人物，立体地出现在大家的眼前。

　　电视剧上映之后，他们一家三口都看了，很欣赏里面人物的表演，他专门写信给黄蜀芹说："与适自英国归来之小女，费半夜与半日，一气看完。愚夫妇及小女皆甚佩剪裁得法，表演传神……此出导演之力，总其大成。佩服佩服！"

　　那段时间他们的生活中，还有一位不得不提的朋友，就是傅雷。傅雷是我国著名的翻译家和美术评论家。他也曾留学法国巴黎大学，算起来还和钱钟书、杨绛是校友。

傅雷一家那段时间与钱钟书、杨绛也走得很近，两家住得不远，所以有时间了就会互相走动，促膝长谈。大家都对这个社会有太多要控诉的事情，都在黑暗中期待黎明。人们在畅谈中释放压力，抒发情感，那种心灵与心灵碰撞的火花，在回忆中依然闪亮。

在杨绛的记忆中，傅雷总是挂着笑容的，与外界说的"严肃死板"截然不同。他总是和钱钟书面对面聊天，手拿着烟斗，嘴角含笑，他和钱钟书很聊得来，可以聊很长时间，按照杨绛的说法就是："傅雷只是不轻易笑；可是他笑的时候，好像在品尝自己的笑，觉得津津有味。"

钱钟书是唯一敢与他当众开玩笑的人。一次还有其他朋友在的时候，钱钟书和傅雷开了个玩笑，另一个朋友以为钱钟书是个"没轻没重"的主儿，便赶忙使眼色，告诉他"闯祸了"！傅雷不但没生气，还跟着大家一块笑。

不过，在孩子面前，傅雷几乎是不笑的，傅雷的两个孩子阿聪、阿敏喜欢留在客厅里，听大人们聊天。傅雷是不允许的，他或许出于自己的考虑，怕孩子理解错误，或出去说给别人听，那个时代是真正的"祸从口出"。

一次，朋友们在客厅里聊得风生水起，好不热闹，不知他是突然想到什么，就轻手轻脚地来到客厅门旁，一把拽开门，看到两个小顽童正侧着脑袋听声儿呢，傅雷大声吼了一下，两个孩子急急忙忙跑上楼梯。太太忙跟了上去，唱白脸，两边疏通。大家继续聊天，笑声四起，傅雷又过去拽那扇门，两个孩子还在那里，跟着大家笑，真是"知子莫若父"啊，他就知道孩子还会下来。

傅雷比之前更加愤怒，大声地呵斥着孩子，太太想劝却劝不了，其他人想劝不敢劝，孩子委屈地在那哭，只能待傅雷呵斥结束。这也许就是外界盛传的"严肃的傅雷"吧，大家面面相觑，领教了！

胜利像黎明一样终将到来，人们殷切期盼的和平像温暖的阳光，温暖着被战争冷却的生活。

一九四五年八月十五日，前方传来日本投降的消息，举国欢庆。钱家人都聚在一起，商量着要纪念下这个日子，庆祝黑暗的过去。杨绛心里有些难过，便独自躲到了亭子里，默默地流泪，钱钟书过来安慰她。

她想起了自己的父亲，在世之时只愿能看到抗战胜利的那一天，可是这一天来了，父亲却不在了。钱钟书安慰她，紧紧地握着她的手，说："爸爸会为我们高兴，为国家高兴，我们终于熬过来了。"

抗战结束后，钱钟书辞去在震旦女子文理学院的工作，来到中央图书馆做外文部总纂，主要负责编写《书林季刊》，徐鸿宝先生曾对战时中央图书馆馆长说："像钱钟书这样的人才，两三百年才出一个。"

《围城》受到广大读者的热捧，钱钟书又在暨南大学兼任教授，还兼任英国文化委员会顾问。随着工作重心的改变，钱氏夫妇的生活也发生了微妙的变化，之前只顾埋头创作的两人，有了越来越多的社交生活，也结识了更多志趣相投的朋友。

一九四九年，新中国成立前夕，很多爱国知识分子都收到了国民党投过来的橄榄枝，钱钟书、杨绛也不例外，但是两个人毅然地放弃了去台湾的机会，不仅仅是因为拥护共产党，他们也不愿意离开自己从小到大生活的热土，这片土地刚刚经历了创伤，需要人们去抚平。

一次钱钟书去南京汇报工作，回来得要比平时早很多，杨绛很奇怪，钱钟书说："今天晚宴，要和'极峰'（蒋介石）握手，我趁早溜回来了。"

其间，钱钟书和杨绛有很多离开大陆的机会，台湾大学欲聘他做教授，他婉拒了；香港大学请他做文学院院长，他说"不是学人久居之地，以不涉足为宜"；英国也发来邀请，想聘他做高级讲师，他说"伦敦的恶劣气候"……很多人不理解，为什么他们那么坚持，留在一个战争阴霾没有散去的地方，而答案也许只有当时的人们才能理解，那就是"他们对这土地爱得深沉"！一次，杨绛先生与人讨论人生选择的意义时，说起在抗战胜利之后，国民党政府曾许诺钱钟书一个联合国教科文组织的职位，这是一个很好的职位，很多人梦寐以求，也代表工作的成果得到了肯定，达到了世界水平。但是钱钟书一口拒绝不要，他解释说："那是胡萝卜。"他是不愿受"胡萝卜"的引诱，也不愿受"大棒"的驱使。

对于祖国的热爱，钱钟书总用柳永的两句诗解释，那便是"衣带渐宽终不悔，为伊消得人憔悴"，祖国便是他舍不得的"伊"了！

后来有人问他们，经历了那么多苦难，当初没离开后悔吗？杨先生说："没有什么后悔的，人活着不一定全是为了享福。"

杨绛在《干校六记》中这样说："我们的国家当时是弱国，受尽强国的欺凌。你们这一代是不知道，当时我们一年就有多少个国耻日。让我们去外国做二等公民当然不愿意。共产党来了我们没有恐惧感，因为我们只是普通的老百姓。我们也没有奢望，只想坐坐冷板凳。当时我们都年近半百了，就算是我们短命死了，就死在本国吧。"

也许曾经远走过他乡的游子们，更懂得对故土的深沉的情。"中国的语言是我们喝奶时喝下去的，我们是怎么也不肯放弃的。"放弃该放弃的，才有机会选择该选择的。人生有舍有得，舍得也！

一九四九年五月，上海正式解放，母校——清华大学发来邀请函，做外文系教授，这对两个人来说是梦想，也是荣誉，更是一种肯定。

当时阿圆已经十二岁，跟着父母上了北上的火车，一只手抱着洋娃娃，一只手提着个手提袋，这是她最喜欢的玩具。手提袋里是自己给娃娃做的衣服装饰，娃娃她一路都抱得很紧，因为娃娃的肚子里装了几两黄金，这是她的秘密。

清华大学，是这对夫妻定情之地，也是两个人确认人生方向的起点。上次离开是两个人，这次是一家三口居家搬至北京，这一来，就是一辈子，再也没有离开过，直到现在。

清华大学早有规定，夫妻二人是不能同在这里做正式教授的，所以钱钟书入职做正式的教授，教大二英文，另开设《西洋文学史》和《经典文学之哲学》，还要辅导和指导研究生的学习。杨绛就做兼职的教授，教《英国小说选读》。虽然工资少了些，但是落个清闲，她自嘲是"散工"。专属散工的优惠就是，好多会议可以名正言顺地不去参加，但是这个散工的课程安排并不少于专职老师。

新中国成立，全国普天同庆这份难得的和平，中国人终于可以自己做主人。荒废许久的教育行业重新复苏，清华大学比他们在的时候还要热闹，很多熟悉的朋友也回到这里工作，因为共同的经历，让大家都很珍惜现在的生活。

虽然两个人都是全国知名大学的教授，但是生活得还很朴素，他们一向不在乎这些，对他们最重要的一直都只有一件事——读书。

当时校园内的不少时髦女性开始追赶潮流，当时流行的装扮是灰色的长裤，上衣是胸前有两排扣子、腰间带有一个皮带的列宁装，很多人都是这样的打扮，唯独杨绛依然是一身上海旗袍，在人群中十分抢眼。如果乘坐人力车的话，还会撑一把小伞，很是优雅。说起话来慢条斯理、态度温和，总是带着笑容，给人一种亲切的感觉。

钱氏夫妇家中布置得很简单，一张西式的长台桌，几把椅子，再就没什么家具了，家中最多的就是从清华大学图书馆借来的书，遍布屋子的角落。两个人不觉得艰苦，还很爱这个小家，除了必要的出行之外，基本都在家中读书度过，十分享受这样的生活方式。

杨绛的翻译生涯是从抗战结束后开始的，第一次刊登的译文便得到了傅雷的夸赞。当时她正读奥利弗·哥尔德斯密斯的散文《世界公民》，挑了其中的一段，然后自己加了个具有中国特色的标题《随铁大少回家》就刊登在了《观察》上。可惜的是，当时的稿子现在已经找不到了。

因为这个称赞，杨绛还受到了傅雷的"责怪"，当时杨绛听到傅雷的称赞，以为他只是照理敷衍，或者干脆就是客套，所以就照例谦逊地回了一句，傅雷忍了一分钟，然后用深沉的语气说道："杨绛，你知道吗？我的称赞是不容易的！"

杨绛曾利用课余时间翻译过西方文学史上的第一部流浪汉小说——《小癞子》。杨绛选择这部小说，是因为书中的文学表达方式十分幽默，是她喜欢的风格，用幽默的语言让人轻易地接受一个深刻的故事。

这本书通过讲述主人公流浪的生涯，遇到的形形色色的人、遭遇的各种事，反映了十六世纪西方社会繁华背后的腐朽。《小癞子》在文学的发展史上有着重要的地位，莎士比亚的《无事生非》、塞万提斯的《堂吉诃德》都应用过其中的桥段，或者提及这本书的存在。但对于这本书的原作者是谁，却一直没有准确的答案。

杨绛对这本书十分重视，先后翻译过两个版本，并多次修改。起初是将法文版翻译过来，后又将西班牙原文版进行翻译，力求最接近原著，又有中文特殊的文学色彩。

此时，已经长大的钱瑗来到清华大学，十分开心，像是发现了世外桃源，她觉得清华大学是最美的地方。虽然只有十五六岁，但是她却深谙父母的兴趣爱好，也继承了这一点，她对妈妈桌子上的书充满了好奇，也开始大概地看一些外文的作品。杨绛很支持她的阅读，她说："钟书是我们的老师，我和阿瑗都是好学生，虽然近在咫尺，我们如有问题，问一声就能解决，可是我们绝不打扰他。"

一次，钱瑗在读书的过程中真的遇到了不懂的问题，便去问爸爸，求个解答。爸爸并没有直接告诉她答案，他希望培养女儿自己寻找答案的习惯，便让她自己去查字典。阿圆听话地去查，查一本没有，又查一本还没有，直到查第五本字典后，她才找到自己想要的答案。她也懂了爸爸的良苦用心，体会到了如何"做学问"。

现实中的 "控诉大会"

平静的生活没有过得太久，知识分子思想改造运动开始了。中国共产党建党三十周年之际，掀起了一轮学习《毛泽东选集》的高潮。各地高校率先在老师范围内开展了思想改造，开展批评和自我批评，知识分子成了改造的第一批对象。

周恩来为此专门在京津高校教师学习会上做了《关于知识分子的改造问题》的报告。知识分子需要改造思想，认真学习，站在工人阶级立场上，成为文化战线上的战士。

这样一场运动，当时几乎每一个知识分子都参加了。杨绛的《洗澡》正是记录了当时发生的一些事情和她本人的一些想法，当时全国上下的 "三反" 运动，即 "反贪污、反浪费、反官僚主义" 被大家称为 "脱裤子、割尾巴"，但是 "脱裤子" 这个词实在是不适合从知识分子的口中说出来，所以被戏称为 "洗澡"。

《洗澡》是杨绛截止到现在唯一的长篇小说，前后共十八万字，被施蛰存誉为 "半部《红楼梦》加上半部《儒林外史》"，并说（杨绛）"运用对话，与曹雪芹有异曲同工之妙" "《洗澡》中的人物，都是'儒林'中人。不过最好的一段，许彦成、杜丽琳和姚宓的三角故事，却是吴敬梓写不出来的"。

虽然这是一本小说，里面没有真人真事，更没有杨绛的影子，她只是准确地描写了当时社会背景下发生的一个故事，"气氛是完全真实的"。

舒展说杨绛是"文艺领域各种样式的大票友，文、武、昆、乱不挡，生、旦、净、末满来"！对于一位七十岁的老人能写出这样的作品，确实让人由衷地佩服，但是杨绛却用她的家乡谚语回答："那叫作'猪头肉，三不精'！"

在这个过程中，人们对一些事情的处理上出现了一些比较"左"的方式，对于需要改造和批判的事情界定混淆，导致一些本不该被反对的东西也被拽了进来。在最开始的时候，知识分子们并不太理解"三反"运动的目的是什么，只知道是专攻于自己的专业，并没有参加政治相关的活动，怎么就变成了需要被"批判"的对象了呢？

杨绛在这场活动中，也受到了影响。当时的整个清华大学已经没有了往时的宁静与祥和，尤其是她和钱钟书最钟爱的地方——清华大学图书馆。很多西方文学著作被定义为"资产阶级腐朽思想"的毒瘤，杨绛实在不明白，究竟是哪里出了问题。

具体的思想改造包括三个阶段，它们是思想动员阶段、酝酿讨论阶段、声讨控诉阶段，其中最让人纠结的便是酝酿讨论阶段。杨绛参与过几次"酝酿会"，主要的内容就是几个人讨论其他的人有什么是需要被改造、被控诉的，并且收集相关的资料，这让每个参会的人都陷入了很残酷的思想斗争，毕竟之前都是很好的同事和朋友，而这么做很容易让被讨论的人陷入"困境"。

杨绛不仅参加过"酝酿会"，还被参加过。杨绛当时已经在做思想检讨，因为她素来"与世无争"，只是个"散工"，平时也追求做个贤妻良母，所以她的问题相对简单，不严重，检讨也就一次通过，没有反复。

开控诉大会就在通过杨绛检查的当天晚饭后。她本来以为检讨一次通过也不会有什么其他事，但是半路出现个"程咬金"站出来控诉杨绛：

"杨季康先生上课不讲工人，专谈恋爱。"

"杨季康先生教导我们，恋爱应当吃不下饭，睡不着觉。"

"杨季康先生教导我们，见了情人，应当脸发白，腿发软。"

"杨季康先生甚至教导我们，结了婚的女人也应当谈恋爱。"

杨绛很奇怪，这个女学生义愤填膺地大声宣讲着，但是她并不是杨绛的学生啊！在场几千人都被这一幕吓到了，都看着杨绛。她对突然发生的状况显然没有预料，只好装作没有听见，波澜不惊。因为接下来还有要控诉的人，这个"浪潮"很快就过去了。

大会散去的时候，外文系主任吴达元过来小声问杨绛："你真的说了那种话吗？"杨绛回答："你想吧，我会吗？"其实吴达元是了解杨绛的，但是在当时的大环境下，他也不能多说什么，只是点点头，表示相信杨绛，却不敢多表示其他的任何内容。

杨绛带着一肚子的莫名其妙回到家中，家人都睡了，她悄悄躺下，回想着晚上发生的一切，心说："假如我是一个娇嫩的女人，我还有什么脸见人呢？我只好关门上吊啊！季布壮士，受辱而不羞，因为'欲有所用其未足也'。我并没有这等大志。我只是火气旺盛，像个鼓鼓的皮球，没法按下凹处来承受这份侮辱，心上也感不到丝毫惭愧。"想到这里，她也释然了。

　　第二天早上，杨绛专门挑了件喜庆的衣服，精心梳洗，光鲜地出门去。换作其他人，前一天当着众人被"控诉"成一个罪人，第二天肯定是躲在家里，不想见人。单单杨绛不这样，她偏挑了人最多、嘴最杂的菜市场去逛，倒是要看看这些人是什么反应。也可能是拥有这种乐观坚强的性格，才是真正的杨绛，才是那个用"喜剧"态度对待人生的人。

　　时隔不久，《人民日报》上便刊登了关于控诉大会上女学生点评控诉杨绛的文章，杨绛以为此事一出，她的教师生涯算是到头了。结果是到了下学期，不但课程没有被取消，选修她课的人反倒多了，还得感谢《人民日报》为她做了宣传。

　　杨绛从不为自己做过多的解释，她觉得：知道我的人反正知道；不知道的，随他们怎么想去吧。人生在世，冤屈总归是难免的。这场运动中，杨绛算是跌跌撞撞地过来了，也算比较幸运了，在这场特殊的"运动"中，她收获了更多的坚韧。

　　幸运女神并没有眷顾每个人，很多人在这场斗争中没有坚持到最后，选择了一些极端的方式结束了生命。杨绛曾撰写过《忆高崇熙先生》，为我们讲述了她跟钱钟书经历过的生命的凋零。

　　崇熙先生也是清华大学的教授，在化工系任职，并兼任了当时化工厂厂长，专业素养极强，与钱钟书夫妇当时是不错的朋友。他当时也被卷入了思想改革的浪潮。杨绛回忆那是一个秋天的周末，杨绛和钱钟书闲来无事出去散步，便去了化工厂附近的高家，只有高崇熙一人在家，他正坐在那里，看到来访的他们有些意外，便请他们入座，倒了水。钱钟书问起了他们厂里的思想改造和控诉大会情况如何，他说："没什么事，快完了。"

　　杨绛觉得高崇熙似乎情绪不高，表情有些尴尬，便借口说还有其他的事情，拉着钱钟书起身离开。高崇熙并没有继续挽留，却是送了又送，送出客堂，送出走廊，送出院子，直到工厂的大门口，然后他就站在门口目送杨绛和钱钟书。

回来的路上两个人聊起此事，都觉得有些奇怪，高崇熙并不是古板冷淡之人，定是遇到了什么事情，两人都觉得他今天有些怪。

第二天，一个噩耗传来，高崇熙服了氰化钾自杀了。听到消息的杨绛十分后悔，说："只恨我们糊涂，没有及时了解。"类似的事情在那段时间接连出现，生命似乎一下子变得脆弱不堪，不能承受生命之重。

卷九
Chapter · 09

望兴叹 · 苦中作乐也是甜

文人的爱情总是美好的，不是因为总能赶到好的时代和好的背景，而是他们更懂得生活中"苦中作乐"的浪漫。一帆风顺只是句美好的祝福，难念的经却也是那样真实地存在。

　　命运赋予我们诸多苦难，不是为了让我们对人生失望，而是要将我们打磨得更加坚强，去迎接更好的生活。当杨绛和钱钟书流落在荒郊之间，他们乐观地完成了生命的历练。如果当时他们也选择了轻言放弃，我们损失的不仅仅是几部经典的作品，而是一代文人高洁的灵魂。

第三位教师尖兵

　　抗战结束后，钱钟书陆续发表了不少的作品集，《人·兽·鬼》是在上海开明书店出版的。这本书的手稿是杨绛在兵火仓皇中留存下来的，钱钟书在两人留存的样书上写下这样一段话：赠予杨季康，绝无仅有地结合了各不相容的三者：妻子、情人、朋友。

　　这是对一个爱人最高的认同和赞美了吧，杨绛和钱钟书一直保持着这种最美好的关系，相敬如宾，举案齐眉。

　　有人把文坛的夫妻分为三种：一种是始终生活在自己亲人的身影中，例如，许广平和张兆和；或者一方极其出众，相比之下另一方虽有才华却不够闪亮，例如，萧红和丁玲；还有一种就是齐头并进，相互扶持，钱钟书和杨绛就是这第三种了，可谓是"天作之合"。而更难得的是，他们的女儿阿圆后来也十分出色。

　　杨绛并没有因为站在钱钟书的成就面前变得暗淡，她对文学的研究、对翻译的钻研都让人敬仰。两个人经常一起研究一本书，发表自己的意见，并讨论，互相补充，对对方的作品提意见。在钱钟书身边，杨绛是一位称职的同行者，又做好了作为妻子应该做的一切。对于每种角色的扮演，她都尽心尽力，让人称赞。

　　阿圆小时候身体虚弱，经常生病，让父母都很揪心。上小学的时候，只上了一两个星期就生病了，被接回家，反复几次，她从来没有完整地上过一个学期的课程，后来杨绛决定在家教阿圆，所以阿圆的整个小学都是妈妈在家教的。

　　一九四七年冬，阿圆病最严重的一次，右手的食指骨关节肿大，检查的结果是骨结核。医生对杨绛说："此病目前无药可治。"阿圆含着眼泪跟妈妈说："我要害死你们了。"小小的她竟然懂了医生的意思，杨绛看着可怜的娃娃，心里万分难过。

　　好在医疗条件日益变好，家中的条件也有了改善，杨绛听医生的话喂阿圆按时吃药，吃维生素和各种补养品，并且卧床休息，十个月后竟然好了。杨绛这才松了一口气，阿圆算是被妈妈抢回来一条命。

　　后来大夫说，一般的孩子如果得了这种病，大多数都会转到脚部，然后转到头部，命不久矣。阿圆康复之后，整个人胖了一圈，杨绛心中的石头终于落地，但是紧接着她就病了，天天发低烧，体重也一直在掉，检查又查不出原因。

　　之前的杨绛是个闲不住的人，就算看书也会一边织毛衣一边翻书，她说自己的双手已经进化成"自动化的机器"。生病之后她就没有了精神，总是打蔫儿令钱钟书很担心。一九四九年，钱钟书接到清华大学的聘书时，说："换换空气吧，也许换了地方，你的病就好了。"被钱钟书说中了，他们到了清华大学一年后，杨绛就自愈了。

　　虽然阿圆的功课是妈妈在家教的，但是她完全继承了爸爸妈妈爱读书的优点，对什么也都领悟得很快。十一岁的时候，她随爸爸妈妈到无锡老家团聚。白天的时候一群孩子在院子里吵吵闹闹，阿圆也不好奇，独自躲在厢房里看书。爷爷在一旁睡觉，她看到爷爷脚在外面露着，便过去给爷爷掖被子，然后守在桌子前安静地看书。

爷爷醒来，看到她十分乖巧地在那里，便跟她说话，问她看的是什么，还考了考她，结果大吃一惊，还小的阿圆居然读过了《西游记》、《水浒传》，而且还读外国小说。于是爷爷称赞阿圆是"读书种子"。阿圆很开心听到这样的夸奖。

阿圆在上海读完了初中一年级，来到北京以后，本应该读初二，家中打算让她上清华大学的附中读书，但是她的年纪不符合要求，太小了，学校只让从一年级开始读起。阿圆后来便不去学校学习了，跟妈妈在清华大学校园里生活，杨绛刚开始辅导她学习，初中二三年级的课程都没有问题，却有一科让杨绛有些头痛，就是代数。

数学方面的确不是杨绛擅长的，便问阿圆："妈妈跟不上了，你自己做下去，能吗？"没想到，阿圆居然真的无师自通，学起来并不吃劲，后来参加了一九五一年的考试，被贝满女中录取，代数居然是满分，杨绛特别为自己的女儿骄傲。

其他时间，阿圆还帮爸爸做一些简单的事，她的心思很细，很多事情大人没发现，她就发现了。她帮爸爸登记学生考试的分数，发现有两个人的课卷都用了不寻常的紫色墨水，阿圆说，这两人肯定是一对朋友，后来果然被她猜对了，连钱钟书都很惊讶。

当时钱钟书经常出门，出门前便多次嘱咐，不是让大的看好小的，却是让小的照顾好大的。

阿圆使劲地点点头，事实上，确实是她照顾妈妈。一次下大雪，家中做事的老李妈不在，没人往屋里挑煤，阿圆知道妈妈肯定不会让自己去做这个事，但是她又想做点什么帮助妈妈，便一个人去雪地里把盖住的猫屎都挑了出去，让妈妈少一个工序，做起来轻松些。

爸爸不在，阿圆跟妈妈在一起的时候像一个小大人，什么事情她都想着，还担心妈妈的安全，她心里时时念着爸爸的嘱托，她要做好。

后来阿圆住校了，每周末可以回家，她不像其他同学一样，把脏的衣服和床单都带回家里，她总是自己洗。同学们都说她不像是独生女，一点没有被娇惯的影子。阿圆被评为"三好学生"，老师让回家跟妈妈谈谈"三好学生"的感想，杨绛说她："哪三好？"阿圆的身体一直不好，这个"三好学生"是给的荣誉罢了。

阿圆的身体果真不好，后来又有复发的迹象，便听大夫的建议休学一年，跟妈妈在家，陪妈妈读书，陪妈妈去图书馆借书，对于读书这件事她的痴迷程度完全继承了父母，而且也是各种书籍都喜欢，还学习了俄语、英语。

阿圆上学的时候因为学习成绩和其他表现都很优秀，被推荐入团。有一天她回家的时候，表情十分凝重，好像被什么事情困扰着，后来她说："他们老叫我入团，我总说，还不够格呢，让我慢慢争取吧；现在他们全都说我够格了，我怎么说呢？"她还说："入了团就和家里不亲，家里尽是'糖衣炮弹'了。"杨绛这才知道，女儿原来是怕入团了，就需要跟家里保持距离，就不亲昵了。

后来阿圆考入了北京师范大学俄语系，毕业后留校做了一名老师，她之前就说，自己的志愿是像爸爸一样当"教师的尖兵"，家中对阿圆的这个决定都十分支持，后来阿圆证明了，她做到了"尖兵"。

高校范围内的大调整开始了，杨绛和钱钟书被安排在北京大学文学研究所，职位也从教授变成了研究员，住所也从清华园迁到了中关园，两个人还给新家起了一个雅致的名字："容安室"，乐观的生活态度一直伴随着两个人的生活。

　　杨绛没有中断自己的翻译"事业"，在间隙时间中翻译的一些作品受到很多专业人士的认可。解放后她翻译了四十七万字的法国小说《吉尔·布拉斯》，获得了北京大学教授朱光潜"全中国散文翻译——杨绛最好"的夸奖。

过五关斩六将

一九五六年，"拔白旗"的运动又开始了，所谓"拔白旗"就是指在当时"大跃进"的过程中，把一些坚持实事求是、反对浮夸的人，以及一些有资产阶级学术观点的人都作为"资产阶级白旗"，对其加以批判、斗争，甚至处分的做法就是"拔白旗、插红旗"。

杨绛的一些涉及西方文学的论文和钱钟书的《宋诗选注》都是"白旗"，杨绛暗下决心，今后再也不写文章了，省得被拔，只做翻译。钱钟书说她是"借尸还魂"，她只是想借此"暗度陈仓"。如果从此让她不再接触文学和书籍，那恐怕只有"死"路一条了。

"反右"的开始，让他们周围的很多朋友落难了，杨绛夫妇小心处事，谨慎地生活着。到了一九五八年，灾难还是降临在他们的身上，两人都被扣上了"帽子"，文章被称为资本主义的"毒瘤"，成了不可不拔的"大白旗"。

杨绛之前的《斐尔丁在小说方面的理论和实践》被指"不但不能帮助读者正确理解斐尔丁这位现实主义作家的作品，反而歪曲、贬低了斐尔丁作品的意义……这样的论文会给我们的学习工作带来有害的影响"。

　　这是一个不小的罪名，钱钟书也没有幸免，两个人在批判会上沉默不言，用无声表达着自己的遭遇，好在他们平时处事低调、为人随和，对他们批判的程度相对来说还是比较轻的。

　　当年十月，文学所决定分批派人员去下乡改造，杨绛被分在了第一批，钱钟书在一个月后也被分配了下去，当时的阿圆已经在炼钢厂工作。

　　阿圆在钢厂跟了一位师傅，因为她会画画，便让她去画图。但是之前画的画跟现在的完全不同，阿圆便到书店去买书学习，师傅很欣赏阿圆，因为阿圆能画出很精准的图来，并且按照她画的图便能做出模型来。最后在阿圆离开的时候，师傅还送给阿圆一个碗口大的毛主席头像，阿圆也算没受什么苦。

　　杨绛本可以不去的，当时有规定，四十五岁以上的女同志可以免于下乡。她身体不是很好，下乡条件艰苦，她还担心家中一老一少，但是不去影响又不好，少不了人借题发挥，所以杨绛还是决定"下乡"一去。

　　下乡的地方在北京附近的郊区，不算远，一起去的二十多个"同病相怜"的人，刚到山里，同行来的老先生指着远方一个在干活的姑娘说："瞧，她像不像蒙娜丽莎？"

　　大家都认同他的这个说法，可惜的是山里的人不知道蒙娜丽莎是谁，不过他们从这些人的表情里觉得，应该是个很美的姑娘吧。这就是属于知识分子的笑谈。

　　集体生活开始了，在这个陌生的地方，虽然有一同来的人做伴，之前杨绛也做了一些心理准备，但来到这里之后，她才发现接下来的困难是一个接着一个。

杨绛后来写了一些文字，记录这段时间发生的"过五关"：

第一关是"劳动关"，虽然杨绛不是生活在什么特别殷实的家庭中，但是农活她是没做过的，而且她现在已经不是年轻人，没有太多力气，所以只能给她挑些她能做的，比如砸玉米。

第二关是"居住关"，杨绛之前好奇土屋茅舍的生活是什么样子，现在算是真真儿地看到了。来的第一天住的是一间空屋的冷炕，后又改到缝纫室的竹榻上，很小，翻身都会掉下来，最后住的是当地的托儿所，四个人挤在一起，这些经历都是她未曾预想到的。

第三关是"饮食关"，平时杨绛胃口小，吃不了什么东西。来到这里早晚稀粥，穿插的是玉米面窝头，不好吃是其次，重点是吃不饱，还难消化。杨绛做梦都是吃好吃的，醒来之后，发现是黄粱一梦。

第四关是"方便关"，这个关最难过，农村的厕所十分简单，缸上搭个板子就是了！一次杨绛吃绿豆粉面条，半夜闹肚子，壮着胆子跑出去，结果大门锁了，她是又急又怕，灵光一闪想到了之前家中养的猫咪，她便找了个地方挖了个坑，畅快后再填上，上面还撒了些落叶，灰溜溜地回到床上。

第五关是"卫生关"，干净了半辈子的杨绛，那段时间体会到了水资源的宝贵，洗手洗脸都舍不得用，吃饭也只用手背一抹就算完了。

虽然难关接二连三，不过杨绛有自己特有的慰藉，那便是钱钟书的来信。他的信是每天都有的，用规矩的小楷记录着所思所想所行，这是钱钟书一直有的习惯，不曾间断。

大家都笑杨绛信多，其实大家心里都是羡慕的，亲人的消息是心中最大的牵挂。杨绛的信从不扔，都很规整地折好放起来，想起来拿出来再读一下，慢慢地衣服口袋就鼓鼓的，她都贴身带着。虽然信中内容没有不妥，但经过之前亲眼所见扣帽子的过程，她还是心有余悸，不太放心放在其他地方。

杨绛回忆说："衣袋里实在装不下了，我只好抽出信藏在提包里。我身上是轻了，心上却重了，结果只好硬硬心肠，信攒多了，就付之一炬。"她心中自然是百般不舍的，如果留到现在，将会是多么特别的回忆。

两个月过去了，下乡的任务提前一个月结束。在离开之前，每个人都要有下乡的"评语"，杨绛的内容就是说她能和老乡们"打成一片"，这是下乡受教育的认同，杨绛还有点得意。

杨绛和钱钟书一前一后回到北京，继续生活。阿圆的工作成了一个大问题，当时的工作是学校分配的，她当时填的志愿是"支边"。想到女儿要去不知道哪里的"边"，做父母的是一千一万个舍不得。但是最后学校分配的工作下来的时候，家里都高兴起来，因为学校安排阿圆留在学校做助教，也就是女儿不用离开了，一家人还可以在一起。

当时家中的阿姨不太擅长做菜烹饪之事，一家三口便去吃馆子。点菜是门学问，钱钟书总能选到好吃的菜，像挑书一样，总是能选到中意的，女儿也有这个本领，唯独杨绛，选的菜总是不中吃。

不过这不影响一家人吃饭的心情，因为他们还有另外一个大乐趣，便是观察其他桌子的客人，钱钟书和阿圆总能从细枝末节推断出很多事，还能编出前后事来，有眉有眼的。一顿饭下来，就像看了一场大戏，只要"我们仨"在，快乐就在。

一九六六年，杨绛和钱钟书也一前一后被监管了。没有工资，存款冻结，只给点生活费，吃的方面也都限制，只允许吃窝窝头、咸菜和土豆，衣服和穿着各个方面都受到了限制。

两个人也都有了新的工作，钱钟书扫院子，杨绛打扫女厕所。两个人还自己制作了工具，干得有模有样的。有人说，杨绛把厕所收拾得连水箱的拉绳上都没有灰，瓷坑和瓷盆都擦得雪亮，厕所"焕然一新"。

但是事情并没有告一段落，"战斗"还在继续，斗争会成了家常便饭，隔三岔五便会有一次，身心俱疲。

那时对知识分子的迫害方法很多，钱钟书的头发被剃掉了横纵两道，现出一个"十"字，这就是那个时期所谓的"怪头"。这怎么见人，还好杨绛有办法把这"怪头"抹平，就是都剃光了，真是妙招。

可是没两天，杨绛也受到了这种"待遇"，被剃了半个头，钱钟书急得不知道怎么办才好，她也不能跟自己一样弄个和尚头吧！杨绛安慰他总会有办法，"兵来将挡，水来土掩"。

还真被她想到了办法，之前阿圆剪过一次大辫子，她一直留着，用手帕包着放在柜子底下。她便找了出来，熬了一夜做了个粗糙的假发套，她还打趣说小时候就羡慕弟弟剃光头，现在算是实现了"半个"愿望吧。

但是戴上了才发现，真发假发区别太大，当时是夏天，戴上之后根本不透风，颜色也不一样，放了很长时间有些黄了，但是没办法，这是她唯一想到的招了。

第二天，她硬着头皮出门了，坐公交车的时候，被售票员看了出来，大喊："哼！你这黑帮！还想上车？"杨绛又气又恼，说："我不是黑帮！"

车上的人都看她，她也没心再解释，就下车了，走着去。街上的人也发现了她奇怪的头发，指指点点。买菜的时候，人家也不愿意卖给她，后来就钱钟书去每天买菜，她只负责一周出去一次买煤。

　　她走在街上还是会心惊胆战，生怕又惹什么事端出来。她还托人买了个蓝布帽子，孩子们眼尖，总能认出来，然后就伸手揪她的假发，所以她看到孩子都躲得很远，钱钟书倒是没有顾忌地跟她走在一起，但他也是个光头先生，自身难保，更保护不了杨绛。

菜园的约会

一九六九年，杨绛夫妇等知识分子被集中到一起生活，因为他们两个算是年纪比较大的，对他们比较宽松，让他们回自己的地方住，但是也要参加集体的学习和训练。

两个人是不同单位的，所以训练的地方不在一起，但是都在食堂吃饭，所以偶尔还能在食堂约个会，说说话。

这一年十一月三日，天气已经很冷，杨绛在学校门口等公交车，人群中发现钱钟书正在向自己走来，很匆忙。

杨绛看到他的神情就知道有事情发生，他凑过来，很小声地说"待会儿告诉你一件大事"，就跟着杨绛一起上了来的公交车。

他告诉杨绛，组织上安排他去下干校，这个月十一日就走，杨绛听了心里一惊，太突然了。本以为能跟钱钟书一起庆祝他六十岁的生日、吃长寿面的，这么简单的愿望也泡汤了。

这次的下干校跟之前的下乡不一样，这次是所谓的"连锅端"，不但是人过去，连行李、家当也要跟着一起去，这也代表回来的日子遥遥无期。

动荡的岁月，让人们没有时间和精力去过自己想过的生活，刚刚结束了战争的酷刑，又遭遇了接连的"暴风骤雨"，当生活已经在风雨中飘摇时，一切美好都显得很珍贵。

　　杨绛帮着他收拾东西，带了很多经过加工的衣服，因为此行的目的就是锻炼和劳动，所以杨绛把衣服都二次加工了一下。首先，她凑了好多个绸子，用缝纫机接在一起，做成一个耐脏的毛毯套子；又把一条裤子容易磨损的地方重新加厚了一下，有横有纵的线交错着，十分厚，钱钟书很欣赏，说像一个走到哪带到哪的垫子。

　　钱瑗是大学毕业八年之后才结婚的，一九六七年十二月她与同校历史系的王德一结婚，两个人有共同的绘画爱好，同在学校的美工队，也都毕业后留校做了老师。当时在五十九届的同学间流传着关于美工队"妖魔鬼怪"四员大将的传说，其中王德一因为名字里的"一"也常被读作"妖"有了自己的绰号，物理系一位会变"魔"术，生物系那位早有"小鬼"之称。四人中，钱瑗作为唯一的女性，原本并无绰号，既然排行第四，人们便硬加了个"怪"字在她头上。"妖"和"怪"经过多年交往、恋爱，然后结婚，被戏称为"妖怪联姻"。本来幸福的婚姻，因为后来特殊时期的"剿杀"活动终止。

　　当时的杨绛领着女儿、女婿到车站送钱钟书，伴着火车的远去，钱钟书似乎带走了杨绛的心。

　　他去的地方是达罗山县的五七干校，很偏僻的一处地方，条件艰苦。两个人依然保持着书信联系，这是他们多年的习惯，改不掉了。

　　杨绛在北京的日子也同样不好过，虽然不至于食不果腹，但却一直在学习改造着，当时她所在的地方被分配去挖防空洞，然后把书运进去。这是一项大工程，而且还是个体力活，身材瘦小的杨绛也算上了年纪，做起来有些吃劲。

她平时生活中为人和善、乐善好施，很多人都接受过她的帮助。她生活的那个地方，谁家有困难，她都尽力去帮。同事的母亲生病，她也帮着寻医问药；邻居家境不好，她便买东西多带一份给他们，过年过节还给寄钱，那时候她本身也不富裕。就是这些细枝末节的事情，给周围的人都留下了深刻的印象。

周围人看到她的防空洞"任务"做起来力不从心，便都要帮她做，她说帮对方打一套毛衣作为报酬，但是对方执意不要，只是看她一个人不容易。后来轮到她下干校的时候，行李也是所里的年轻人帮助打包送走的，在那个人人"独善其身"的年代，这已经十分难得。

不过这个时候，另一起悲剧在发生。她的女婿，阿圆的丈夫王德一在这场"浪潮"中也受到了牵连，说他是"过左派"的组织者，限制了他的自由，要挟他交出名单。他曾经对杨绛说："我绝不能捏造个名单害人，我也不会撒谎。"

在杨绛下干校的前夕，王德一含冤而去。这不是唯一的悲剧，杨绛的妹妹杨必也因急性心脏衰竭去世，父母和三姑母的墓也被破坏，多个好友也蒙冤离去了，这一切都让杨绛欲哭无泪。

下干校那天，阿圆独自来送杨绛，看着女儿孤单的身影，万般滋味涌上心头。她让阿圆回去，阿圆又不肯。坐在车里的杨绛闭上眼睛，不敢看窗外女儿颤抖的身影，脑海里却出现了女儿自己在凌乱的家中独自收拾房间的情景。忙睁开眼睛找阿圆，却找不到，泪就下来了，流在脸上，滴在心里。

杨绛时隔许久再见到钱钟书时，像变了一个人一样，又黑又瘦，看起来遭了不少罪。后来听说他在那也算是有优待了，他只需要看看东西，巡巡夜，偶尔做做"信差"，算是清闲的差事了。

她下的干校与钱钟书不在一个地方，有个一小时的车程。当时规定，没有特殊事情是不能随意走动的，他们也只能继续书信往来。当时杨绛被分配到"菜园班"，就是在菜地旁边蹲守，二十四小时守着。

钱钟书当"信差"的路径正好路过杨绛守着的菜地，所以每次来都能路过这里，跟杨绛田边约会，说会儿话。在其他的时间，杨绛都用来看书和写信，把想到的和经历的事情都记录在纸上，钱钟书来的时候就交给他。杨绛曾经这样记录过这段时间的约会："我们老夫妻就经常可在菜园相会，远胜于旧小说、戏剧里后花园私相约会的情人了。"

一次，大家都在地里劳作，杨绛也在其中，这时有人发现菜地的旁边有座坟，杨绛喃喃自语说："死的人多冷啊，坟地里草都没有！"大家都有些奇怪，当时正值盛夏，为什么她会感叹冷呢？后来大家才知，杨绛得到消息，女婿王德一在批斗中不堪其辱自杀了，她是心寒，也替女婿心寒。

到了这里，就"既来之，则安之"，虽然没有在学校时候的条件方便，但是她也没有放弃自己的创作事业。她根据在干校的这些经历，后来创作了《干校六记》，生动形象地记录了当时的事情。杨氏风格的文章用平实的语言，掩盖了很多血腥残暴的现实，也体现了她乐观的性格，像之前创作喜剧一样，用她的态度记录现实。

一次，杨绛找钱钟书控诉，今天有猫儿给她送礼了，礼物就是两只血肉模糊的老鼠，就放在了她的床上。刚开始没有开灯，朦胧之间她用手探了一下，开灯之后的状况给她吓得魂不守舍，跟同住的朋友拎着床单角才敢倒掉。

第二天一早天不亮她就起了，开始一桶一桶地提水洗床单，不记得洗了多少遍，只记得床单上的血是洗不掉了。

　　钱钟书安慰她："这是吉兆，也许你要离开此处了。死鼠内脏和身躯分成两堆，离也；属者，处也。"

　　一句话逗得杨绛哈哈大笑，钱钟书的牵强解释她是不信的，但是他认真的模样像真是这么回事一样，这是属于他们之间的默契，一句话让她放松了许多。

　　就在这年年底，一个消息似乎印证了钱钟书的解说。那天钱钟书来田边找到杨绛，也带来了一个消息，有人告诉他，北京来电话，有一批"老弱病残"要遣回北京，这个名单里有钱钟书。

　　杨绛听了自然高兴，钱钟书身体不好，干校的生活条件又十分有限，他回去了还能有人陪着阿圆，而且她也会有一年一次的探亲机会。

　　因为之前的消息是朋友告诉他的，后来钱钟书从邮电所取回确认名单的时候，看到名单上确实有自己的名字，还专程来田边告诉了杨绛。

　　等到名单公布之时，发现全然找不到"钱钟书"三个字，中途发生了什么已经不得而知。

卷十
Chapter · 10

谈流年·雨后总会是晴天

冬天都来了，春天还会远吗？春天真的来了，却要感谢冬天之前的铺垫，才让此刻越发动人。经过了大风大浪，才知道平静也是难能可贵；经过了暴风骤雨；才知道波澜不惊更是一种超脱。

　　因为对生命的尊重，对梦想的执着，杨绛一家人携手走过了那场黎明前的黑暗，黑暗中家人彼此手拉着手，这样才可以不失散，你为我遮风挡雨，累了我做你的大树靠山，一同流泪，彼此擦干，一同微笑，彼此陪伴。家人，感谢你们一直都在。

住在宝藏旁边

平静的海面也会有潮起潮落的时候，生活也难免经历高潮和低谷，困难不可怕，可怕的是人怕了这困难，让它成了心中不可逾越的山。其实，冬天后面终会迎来夏天，黑夜过后也一定会有天明的时候。

他们回到北京的时候，已经到了一九七二年。因为受到了周总理的关照，也因为身体和年龄的原因，他们成为第一批回来人员。这段经历给他们的人生又添了难忘的一笔，有着属于那个时代专属的印记。

守得云开见月明，对平静生活的渴望一直在。

刚回到北京的时候，阿圆让爸妈来她住了三年多的大学寝室住。那是一个三楼朝北的房间，房间阴冷，刚进屋子阿圆就双手背后，说："哎呀！不好了！大暴露了！"说完就笑了。

她的房间又脏又乱，似乎很久没收拾了，阿圆不爱整洁，这点不像妈妈，她经常跟爸爸一起组成战队反抗妈妈的整洁。妈妈把毛巾规规矩矩地摆放在架子上，边边角角都对齐，她跟爸爸都是随便一搭就糊弄过去了。要是被妈妈发现了，就会挨训，只有在妈妈的监督下他们两个才好好搭毛巾。

这个宿舍只有上下铺的双层床，因为只有阿圆一个人住，所以房间没有其他人收拾。房间里的书架上盖了一层灰尘，从厚度看便可知是许久没打扫过了，屋里随意摆放了很多东西，还有当时阿圆画画用来调色的东西，都横七竖八在那里，让突然看到这番景象的妈妈来不及生气就笑了。

很多邻居看到钱瑗的爸爸妈妈来了，纷纷过来表示欢迎，也带来了很多生活用品，解决了他们在这里生活最基本的问题，这也让杨绛和钱钟书很欣慰，女儿很受周围邻居的欢迎。

一家人辗转多次，终于再一次团圆，现在又住在一起，大家心里都很踏实。阿圆也不必担心爸爸妈妈会受到欺负，两位老人也不用担心女儿的健康和安全，杨绛在《我们仨》中写道："屋子虽然寒冷，我们感到的是温暖。"

因为房间是阴面，冬天的时候十分阴冷，阿圆的一个同事将一处小黄楼的房子让给了他们。这里阳光很好，大家开始一起忙活搬家。这次衣柜上的灰尘闯了祸，钱钟书"拙手笨脚"地打扫时，吃了很多的灰尘，虽然杨绛发现了他的危险举动及时制止，但是他的哮喘还是犯了。

多年的老哮喘，加之多日的严寒攻击，钱钟书病得不轻。严重的时候他已经不能卧床睡觉，只能半靠着，或者在地上来回地走。在医院开了些药吃，却没有很快好转，杨绛听他哮喘发作时候呼吸的声音，叫他"呼啸山庄"。

一天下午，杨绛发现钱钟书的呼吸声音很不正常，忙带他去医院，挂了急诊，杨绛急得很，她觉得钱钟书的呼吸像是随时会停止一样。后来回到学校的时候，杨绛才发现自己左眼球的微血管都急出血了。钱钟书在医院急救了四小时，才缓过来，杨绛也放下了心。

一九七四年五月二十二日开始，杨绛和钱钟书住进了学部七号楼西侧尽头的办公室，在这里住了两年，他们吃饭睡觉学习都在这间办公室，甚至想过就在这个办公室养老了，因为周围邻居非常和善。虽然条件简陋，冬天还要自己烧煤取暖，但她住得很舒心。钱钟书的《管锥编》便是在这间办公室里完成了初稿。

《管锥编》是钱钟书先生一部笔记体的巨著。这部书被称为"国学大典"。整个创作过程，需要查证的资料数目庞大，幸得住在这里，难得的方便。这间房子还有一个让他们称心如意的地方，文学院的图书资料室离他们非常近，就在六号楼。他曾经是那里的主任，那里的藏书十分全面，连外宾都为此感叹，这满足了他最大的爱好，像是住在了宝藏的旁边。

钱钟书总说："书非借不能读也！"所以他常是借书来读，读过之后记了笔记便还。他还喜欢赠书，无论是自己的作品还是家中的藏书，如果他觉得对你的学习和工作是有益的，便会赠送给你，很多人都收到过他和杨绛先生赠送的书。

一次，两个人因为没注意到烟囱出气口被堵住，差点煤气中毒。杨绛睡前吃了安眠药，梦中闻到味道，却无法醒过来，突然一声闷响，是钱钟书摔倒在地上，杨绛心头一急就醒了过来，急忙扶起钱钟书，开窗放风。

原来钱钟书也在梦中闻到了煤气的味道，在起床也想去开窗的时候，因为吸入了煤气，头一昏就摔倒了，脑门磕到了旁边的暖气上，留了一道疤。两个人就开着窗户，围着棉衣，坐到了天亮。亏得是钱钟书摔倒，否则后果想想都让人害怕。

后来，北京用煤气罐取代了蜂窝煤，一天晚上睡觉之前，杨绛把煤炉熄了。第二天早上，钱钟书照旧端着早饭出现，还拎了她喜欢的猪油年糕，只是脸上的表情颇为得意。

　　杨绛起初没注意，钱钟书也笑眯眯地吃，不说话。吃着吃着杨绛突然想到，钱钟书不会用煤气罐啊，因为他压根不会划火柴。她便问："谁给你点的火呀？"钱钟书得意地说："我会划火柴了！"

　　这样一顿早餐，从两个人在英国开始，便是钱钟书准备，一直到最后钱钟书住院之前，他一直坚持着，一直坚持了几十年，一份属于他俩的早安的问候。"笨拙"的钱钟书，如今为了给妻子做早饭，第一次划了火柴。

　　这段时间，还发生了一件不能不提的事。在杨绛和钱钟书下干校期间，钱瑗帮助了一位老太太，当时老太太被要求扫大街，钱瑗也不知道她是谁，只是出于善意的帮助。后来才知，老太太是一位总工程师的夫人，十分有学识，有一天她来到这里见杨绛和钱钟书，是有一件事情希望成全。

　　老太太对钱瑗的印象非常好，觉得她十分善良，有心想让她做自家的儿媳妇，这次来就是跟杨绛和钱钟书商量这件事，起初阿圆并不愿意，经历了之前的分分合合，她十分想一直留在爸爸妈妈身边。杨绛对她说："将来我们都是要走的，撇下你一个人，我们放得下心吗？"阿圆十分孝顺，自然知道妈妈的心意，于是就有了后来一段美满的姻缘。

三里河的家

一九七七年上半年，一切黑暗都已经过去，大家都在准备迎接新的生活。

杨绛和钱钟书有了新的住处，位于三里河南沙沟的国务院宿舍，跟之前居住的条件相较，这里宽敞明亮，一家人在立春的那天正式地搬了进来。搬家的时候，基本没用到钱钟书，还把他当作最需要保护的一件"行李"，专车直接拉到新家。

说起这个房子，其实来得有些蹊跷，有人直接来到杨绛的办公室，交给她一串钥匙，还预备了汽车，最后还嘱咐了一句："如有人问，你就说'因为你住办公室'。"

这份神秘的大礼让两个人思考了很久，他们筛选了周围认识的人，最后他们猜想是胡乔木。当时他是毛泽东的秘书，也是他推荐钱钟书担任《毛泽东选集》英译委员会主任委员，主持《毛泽东选集》的英译工作。从一九五〇年到一九五六年，钱钟书花费了很多时间，主持《毛泽东选集》四卷的英译工作。

钱钟书是个"狂傲"的人，他甚至指出毛主席的书中有错误。当年他在翻译"毛选"的工作中，指出原文里关于孙猴儿从牛魔王腹中钻出来是错误的，孙猴儿当时是变作小虫，被铁扇公主吞到了肚子里。

当时负责这件事的许永焕请示了上级，大家找出了好几个版本的《西游记》来查找这个环节的描写，发现钱钟书记得没有错，毛主席真的就把原文修改了。

在那个年代，能够翻译毛主席文选是一件至高荣誉的事情。大家听说钱钟书主要负责英译的工作，纷纷来家中道喜，钱钟书却不觉得是个可喜的事儿，甚至有些恐慌，他觉得"这件事不好做的，不求有功，但求无过"。好在这项工作对钱钟书来说不算困难，他之前积累的经验足以让他胜任，其他人的翻译作品经常返工重新做，钱钟书却能在保证质量的前提下迅速完成。翻译的内容不仅贴近原著，也很有英文意境，这是翻译较高的境界了。空出来的时间他依然用来读书，这对他来说是兴趣，也是消遣。

胡乔木很关心钱钟书和杨绛两个人的生活，在他们回来住办公室的期间，还寄来了哮喘的方子。所以两人猜测，这房子可能跟他有关系，一次他来拜访，刚开始并没有提及房子的事情，直到看到他们的大门口有一张床，便问了他们："房子是否够住？"杨绛答："始愿不及此。"

在杨绛的记忆中，他们似乎只这一句话算是表示感谢了，这个房子算是不错了，当时钱钟书也不是"官"，却住进了干部楼，已经算得上是优待了。

房子三室一厅，十分宽敞，杨绛与钱钟书一个卧室，阿圆一个卧室，一个书房，一个客厅。但是书房明显不够用，慢慢地，连客厅也变成了书房的一部分。

房间里摆设十分简单，书房里的书架是最气派的，满满几大书架摆满了书，像个图书馆，古今中外的书种类齐全，而这里面的书每一本他们都读过。

两个人都是知识分子，没什么大钱，生活一直很节俭，唯独在书籍这方面，两个人从来是毫不吝啬的。没看过的书，他们都有兴趣一读，而且不限于中文书籍，他们也动用一切渠道去买外文书，杨绛称呼钱钟书为"书痴"，而她也不逊色于他。

他们家有两张书桌，一大一小、一横一竖，大的是钱钟书的，小的是杨绛的，杨绛说钱钟书的名气更大，所以要用更大的书桌才行。

事实上，钱钟书的东西是要稍微多一些，大部分是全国各地的读者来信，还有一些场合的邀约函，还有没读完的书，他都堆在桌子上。

读者的来信每天都从四面八方涌来，数量庞大，关于如何处理读者来信的这个事儿，杨绛还请教过当时一位出名的大作家，因为他也有很多的读者来信，对方的回答是数量太多，怎么能一一回复呢！

但是钱钟书每天坐到书桌前做的第一件事便是回复读者的来信，他把这个叫"还债"，他对每一封信都礼貌地答谢，感谢对方对他作品的欣赏，但是"债"实在是太多，每天还在出现新的，他只能尽所能地回复。

"人红是非多"，有时会有人说他们是清高、孤芳。被误会的两位老人都是付之一笑，不愿争辩。曾经有一位有声望的人去钱家拜年，开门的是钱钟书，来的人刚说了句"春节好"，隔着一条门缝的钱钟书便回应："谢谢！谢谢！我们很忙，谢谢！"

著名的艺术家黄永玉聊起杨绛的时候，回忆说，之前两家住得很近，回老家时便会带一些湘西的笋和土特产回来，给杨绛家送去的时候，都是敲敲门便放下离开了，他们开门的时候就拿进去了，都不忍浪费他们的时间，时间对他们来说贵过珍宝。

两个人低调了一生，一些可参加可不参加的场合两个人都尽量不参加，如果有上门拜访的，杨绛就会在门口直接回绝了，她自嘲是钱钟书的"拦路虎"，这种拒绝别人的事儿，大部分都是杨绛来做。

钱钟书的弟弟形容大嫂说："她像一个帐篷，把大哥和钱瑗都罩在里面，外在的风雨都由她抵挡。她总是想包住这个家庭，不让大哥他们吃一点苦。"家中之事，事无大小，都是杨绛在打理，连钱钟书穿着打扮都是她一力负责的，好保证他每次都体面地出现在客人面前。

钱家曾经养过一只猫，一次家中的猫跟林徽因家的猫打架，一旁的钱钟书看到了忙抓起身边的一个木棍，想去帮忙助威，杨绛把他拉了回来。她跟钱钟书说林徽因家的猫是她们家"爱的焦点"，俗话说"打猫得看主人"，怎么能拿棍子打呢。在处理人事方面，杨绛一直比钱钟书做得要好，她沉稳周到，会照顾别人的感受，也多亏了她做钱钟书跟外界的桥梁，才让钱钟书低调地挨过了很多"难关"。

一位享誉西方的美国文学教授与钱钟书见面聊天后，回去的路上闷闷冒出一句"我自惭形秽"。他说："我所知道的一切，他都在行。可是他还有一个世界，而那个世界我一无所知。"

在杨绛的心中，钱钟书的任何事都比自己的事重要。她很少提及关于自己的事，似乎只提过意见，便是钱先生的"誉妻癖"。钱钟书很满意杨绛，这种满意包括了方方面面，无论是生活上还是工作上。他不仅有对爱人的认同，也有对朋友与知己的欣赏。

一九五七年的一天，钱钟书在辛笛家聊天，回家笑着告诉杨绛，说朋友笑他有誉妻癖。杨绛问："你誉我没有啊？"钱钟书答："我誉了。""你誉我什么了？"钱钟书说了三件事："一件是话剧《称心如意》上演，在上海一夜成名，可你还是和从前一样，一点也没变，照旧烧饭洗衣。""还有一次日本人抓你，你沉着冷静，把他们引进客堂，自己称倒茶，三步两步到楼上把《谈艺录》稿子藏好，日本人传你第二天到宪兵司令部问讯，我都很担心，你却很镇静。""一次，家里煤油炉过满，火着老高，周边都是干柴，你走来，灵机一动，抄起旁边的尿罐扣上去，火柱立刻灭下。"

杨绛笑说："快别说了，'呆大'。"

钱钟书并没有说假话，他是真心欣赏杨绛的才华。他说："杨绛的散文是天生的好，没人能学。"钱钟书还对杨绛说："照常理我应该妒忌你，但我最欣赏你。"

两人待人十分谦和，无论对方是什么人，他们一直保持着彬彬有礼的状态。钱钟书有一次在电话中回绝一位想见他的英国女士："假如你吃了鸡蛋觉得不错，何必认识那下蛋的母鸡呢？"

两个人都年事已高，大部分时间都在家读书，钱钟书教杨绛写大字，每天都布置作业，必须按时完成。他还会认真地批改，哪里好，哪里需要改进，都用笔标在上面。杨绛很重视钱钟书的评语，如果评价得高就会很开心，钱钟书了解她的心思，故意不给那么多好评，尽挑不好的写。

邻居教了他们大雁气功，两个人经常出去散步，像年轻时候一样出去"探险"，只是现在走不了那么远，每次走二十多分钟，就已经累了，不过他们一有时间就一起锻炼，过着平淡的生活。

专心做学问

　　一九七八年，阿圆顺利地考取了留学英国的奖学金，之前她对自己并没有信心，一是自己本是俄语老师，后转入的英语系，再则其他人都准备了很长时间，她只是利用平时的间隙来学习，她跟妈妈表达过自己的担心，但是她继承了父母在语言学习方面的天赋和勤奋，顺利地拿到了这笔奖学金。

　　阿圆出国留学的那一年，杨绛和钱钟书十分想念女儿，也担心女儿在异国他乡能否好好地照顾自己，虽然有过留学经验的他们认为，这是一件非常有助于增长见识和开阔眼界的机会，但还是十分想念，阿圆留学了几年，他们就担心了几年。

　　一九九〇年，阿圆又去英国出访半年。因为工作方面出色的表现，她这种出国的次数有增无减，不过她十分喜欢留在国内，陪在家人身边，不愿忍受思念之情。

　　接下来说说杨绛在做学问方面的情况。一九八一年，杨绛的《干校六记》出版。因为大家对那个时代都有共同的回忆，立即在社会上引起了很大的反响，也被译成多国语言出版，有美国学者称它是"二十世纪英译中国文学作品中最突出的一部"。

困境中写希望，永远是杨绛的主旋律。《干校六记》让看过的人总能从轻松中反思，文笔的质朴、含蓄，让人内心平和，朴实无华的叙述方式，虽然不能改变世界，但是可以平静内心。卢翎评价杨绛说："杨绛的散文平淡、从容而又意味无穷。可谓'不着一字，尽得风流'。"

在干校的这段时间，杨绛也创作了很多作品，回来之后，她将这段时间发生的事情汇总成了《干校六记》，里面用平实的语言记录了那个"昏黄"的年代，没有太多艰难困苦的描写，多用诙谐的方式记录一些艰苦中反射出的趣事，连当时的一只小狗，她也专门用一个篇章描写它。

这本书因为它"怨而不怒，哀而不伤，缠绵悱恻，句句真话"的叙事风格，一九八九年二月荣获"新时期全国优秀散文（集）奖"，并在二十四部获奖作品中位列第一。得此消息的杨绛淡淡笑道："中国历史上，大凡状元都不是优秀的文学家。"

杨绛的文字向来没有阴晴，没有大喜大悲，更没有悲天悯人，却能让人看透时代的荒凉和残酷。

同年，因为钱钟书《围城》热销，出版社找到杨绛，想让她写些关于钱钟书和《围城》的事，于是便有了《记钱钟书与〈围城〉》。文中记录的事情都是真实发生的，连钱钟书也写了一段话证明内容的真实性："这篇文章的内容，不但是实情，而且是'秘闻'。要不是作者一点一滴地向我询问，而且勤快地写下来，有好些事连我自己也快忘记了，文笔之家，不待言也。"夫妻中间风趣的生活状态也跃然纸上，文坛的神仙眷侣总是互相"支持"。

那段时间杨绛的作品包括纪念亲人的《回忆我的父亲》、《回忆我的姑母》，长篇纪实散文《丙午丁未纪事——乌云与金边》、《将饮茶》，杂文集《杂忆与杂写》，还有纪念朋友的《纪念温德先生》、《纪念石华父》等。

作为妹妹的杨必同样十分出色，杨必翻译的《名利场》同样是翻译作品的典范，姐姐杨绛曾写下一篇《记杨必》来怀念这个妹妹。

经过之前一些特殊的生活历练，杨绛的作品有了整体的提升，更朴实无华。用最简单的语言描写最普通的事，用最冷静的态度面对最残酷的人生。

杨绛擅长运用简单的词汇创造不同的效果，比如，把词序调换一下，虽然不符合常规，但是读起来却别有滋味。这是属于她的叙事方式和生活态度，压迫中求改变，平静中找快乐，文字简单却不古板，故事苦涩但不苦闷。

杨绛的散文爱写一些"小人物"和"小事情"，像是会发生在每个人周围的事情。一九八四年的一篇散文《老王》被选入语文教材，讲述的是当时那个"动乱年代"下，知识分子杨绛和三轮车夫老王之间的故事。短短几个故事，将那个时代人与人之间的关系刻画得十分清晰，也让人感受到在冰冷社会下人性最真挚的温暖和善良。

老王是当时社会底层的一个人物，具备小人物的所有特点，憨厚、善良、耿直、质朴。那个老王因为贫困和疾病的折磨，给人的印象就是瘦弱沧桑的。

老王从不欺负杨绛一家，这与其他人就不同。而且他还会主动顺路给杨绛家送冰，虽然比之前的冰还要好，却不多要钱，还要"车费减半"。杨绛不能占这个便宜，因为他也是个贫困的好人。一次钱钟书生病，杨绛找老王蹬车送到医院，他不肯要钱，杨绛执意要给，他又怕给钱钟书看病的钱不够。

　　钱瑗知道老王晚上眼睛看不到，送给他一大瓶鱼肝油，治疗他的夜盲症。他对人家的好意总是念着报恩，一场大病后，来给杨绛家送香油和鸡蛋，却在第二天去世了。

　　回想到老王最后一次来站在门口僵直的样子，杨绛总觉得心中不安。也许是遗憾没有最后请他进来喝杯水吧，人说患难见真情，在那个贫困的年代，人和人之间最真挚的情便流露出来，没有任何其他的目的，单纯地与人为善，人性尚存，便是大善。

　　老王身染重病，却把鸡蛋和香油剩下来送给杨绛，杨绛要给他钱，他不肯要，也许是因为这个举动，让杨绛回想起来觉得是"拿钱去侮辱他"了吧，所以她也会愧疚。当时很多事情不能用金钱来衡量，也没有所谓身份的悬殊，她写这篇文章只是为了纪念那个纯朴的老友，那段质朴的情怀。

　　文章依旧是杨绛稳稳当当的讲述方式，沉静平缓，没有多余表达和渲染的词，只是为你讲述当时发生的事情，这就是属于她的文字的力量，让一切褪去假象，朴实无华。

卷十一
Chapter · 11

心中雨 · 一家人的失散

人生不如意者十之八九，历练换来的平静，让人不忍放手。专心做学问，是杨绛、钱钟书和女儿一家人一直以来的心愿。《堂吉诃德》的翻译工作，是杨绛的又一伟大成就，她为之付出的努力前后若干年，只是为了把一件事情做好，她做到了。

　　亲人的相继生病，是上天给这位已经暮年的老人最大的磨难。人生是一场战役，迂回之间求胜，结果却注定是离开。两位至亲的离开，留下了她一个人打扫战场，她不悲伤，因为知道他们在等待着她，她要把钱钟书交代给自己的工作做好，才能安心地与他们团聚。

《堂吉诃德》的勋章

杨绛的翻译生涯开始得很早，可追溯到她还在清华大学上学的时候，当时她跟钱钟书确立了恋爱关系。一次叶公超请她到家里吃饭，饭后随手拿出一本英文刊物，让杨绛翻译其中的一篇政论《共产主义是不可避免的吗？》，说《新月》要发表此篇译文。

杨绛心里明白，这可能是叶先生要考考她这个钱钟书的未婚妻是怎样一个水平。她便答应下来，好好完成这个"考试"。但是在此之前她从来没有接触过翻译这门学问，虽然之前学的是政治，但她并不是很有兴趣。她大略读了一下这篇文章，晦涩难懂，但这是"考试"，必须要交一份满意的答卷才行。当她硬着头皮交稿给叶公超的时候，叶先生却夸她译得"很好"，并且没过不久，《新月》就真的发表了她的这篇译文。

《堂吉诃德》被列为"外国文学名著丛书"之一，编委会的领导林默涵先生之前看过杨绛翻译的作品——《吉尔·布拉斯》，便决定由她来翻译《堂吉诃德》，之前并没有规定采用哪个版本作为翻译的对象，杨绛经过多方比对，觉得各有千秋。

《堂吉诃德》在西方文学界有着举足轻重的地位，与《哈姆雷特》、《浮士德》都堪称经典之作。

为了更准确地翻译《堂吉诃德》，杨绛从一九五九年开始自学西班牙文，因为之前对多国语言有学习的经验，所以自学起来相对比较轻松。一九六一年开始翻译，直至一九六六年，她完成了整本书四分之三的内容，因为"文革"，中间停滞了很久，一九七六年才完成全部的翻译工作。

最后杨绛决定翻译西班牙原版，这样最靠近作者本意，版本就选择了西班牙皇家学院院士马林编著的最权威的版本。

因为对学习语言的痴迷，他们两个人还有属于自己的学习方法，两个人在泡脚的时候发明了一个游戏。钱钟书使用意大利文，杨绛使用西班牙文，一个人说一个词，另一个人需要用自己使用的语言说出对应的词，两个人玩得很开心。

在"破四旧"的时候，经常有人破门而入，进行抄家。无论发现任何跟"革命"有关的东西，一律销毁，因为杨绛和钱钟书都是知识分子，他们的问题大部分来自文章，所以最重要的证据就是各种有字的纸张。

当时杨绛为了安全，几乎销毁了家中所有带字的东西，包括之前保存了许久的跟家人来往的信件和创作学习的文字资料。她舍不得将翻译了大半的《堂吉诃德》毁掉，这是她两年孜孜不倦的结晶，凝结了她无数的心血。

她想了很多办法，用很厚实的牛皮纸把文稿死死地包住，然后用绳子"五花大绑"，仔细地藏起来，如果这些稿子被发现，里面的内容会被认定是"黑稿子"。

厚厚的稿子很有重量，杨绛双手抱在胸前，挤上了公交车。她打算去办公室，交给可靠的人保管。之前办公室的组秘书对待她还算友好，希望他能帮自己这个忙，但是组秘书表现得模棱两可，这东西像个定时炸弹，他不敢收留。

后来，译作《堂吉诃德》交给了小C，之前他还只是个通信员，经过"改革"如今已经很有地位，但是他所在的队伍认为《堂吉诃德》是"黑稿子"范围内的，就径直拿走了，杨绛站在那里，愣住了。

后来，杨绛又经过多次"教育"，组织上要求杨绛去掉自己脑袋中的"黑思想"。杨绛就想向组织申请，能不能暂时把之前收缴的稿子还回来，好让自己对照自己之前的"黑稿子"修正自己的错误思想。组织的答复是："黑稿子"太多，一下子找不到了。

再后来，杨绛被安排打扫女厕所，她每天都边"工作"边搜索自己的稿子的踪迹，希望能找到它。她借口擦擦玻璃或者打扫窗台，就进入房间寻找，找了很久。

直到有一次，一个偏僻的储藏室需要打扫卫生，她打扫废纸堆的时候，居然看到了自己当时五花大绑的稿子，她激动得像是找到了失散的亲人，紧紧地抱在怀里。

不能再把稿子留在这里了，她十分不放心，担心再分开今后就找不到了。她决定先放到女厕所，然后伺机带出去。负责看着她的是个年纪偏大的老干部，她趁着老干部转过身的时候刚要往外走，被另外一个人看到了。

那个人大声问她："杨季康，你要干什么？"

这时候老干部回过身看到了站在身后的杨绛，不知道发生了什么。

杨绛说："这是我的稿子！"老干部看到她抱着的东西，一下子明白了杨绛要做什么，语气平和地说："是你的稿子，可是现在你不能拿走，将来到了时候，会还给你。"

　　杨绛把稿子抱得更紧了，虽然万般不舍，但也只能交出去，老干部答应杨绛可以把稿子暂时放在这儿。杨绛找了好几个地方，都担心不够好，最后选择了柜子的顶上，才落寞地离开。

　　又过了一段时间，思想改造的风潮渐渐退去，一切已然趋向平静。杨绛心中一直放不下的稿子依然在外流浪，她试图找回，一直未果，直到遇到了之前那个组秘书，这时此人已经成为学习小组组长。一天，杨绛趁着晚上学习的时候，写了个字条给他，请求找回自己的稿子。

　　第二天，他就真的把稿子找到了，交到了杨绛的手里。杨绛激动得不知如何表达，只是紧紧地抱着它，心想它终于回家了。

　　后来杨绛经历了下干校的"冷却期"，再看自己之前翻译的稿件，不太满意，决定重新提升一下翻译的程度。

　　一九八七年，《堂吉诃德》在人民文学出版社付梓出版。它的出现填补了我国西班牙语文学翻译的一个空白。中译本的《堂吉诃德》很快也受到了西班牙方面的高度肯定。先后被列入"外国文学名著丛书"、"世界文库"、"名著名译"、"中学生课外文学名著必读"等，总印数达七十余万册。

　　《堂吉诃德》定稿的时候，钱钟书的《管锥编》的手稿校对工作也刚刚结束，钱钟书提议，他跟杨绛交换题签。杨绛笑着说："我的字那么糟，你不怕吃亏吗？"钱钟书答："留个纪念，好玩儿。"这对文坛的"神雕侠侣"如此"笑傲江湖"，让人艳羡。

　　五月，西班牙访华的先遣队来到中国，正赶上北京书店门前排长队购买《堂吉诃德》的盛况，让这个先遣队印象十分深刻。这一年六月，西班牙国王和王后访华，因杨绛在中国与西班牙文化交流上作出的贡献，她被邀参加国宴，邓小平问她："《堂吉诃德》是什么时候翻译的？"一言难尽，杨绛只简单答了句："今年出版的。"一九八六年十月，西班牙国王亲自颁奖给七十五岁的杨绛。杨绛获得"智慧国王阿方索十世十字勋章"。

杨绛回忆自己翻译这本书的时候，制订了详细的翻译计划，毕竟这是个庞大的工程，"我翻译的时候，很少逐字逐句地翻，一般都要将几个甚至整段文句子拆散，然后根据原文的精神，按照汉语的习惯重新加以组织。"这无疑十分耗费时间和精力，也很考验译者对两种语言的运用能力及了解深度。

为了保证翻译的质量，她每天只翻译五百字左右，字字珠玑！一个句子，她会有好几种翻译的方式，经过细细比较，选择她认为最合适的，如果都不满意就重新查资料翻译，力求完美，几近苛责，追求"信""达""雅"。七十二万字的稿子，前后二十年才完成。

她所理解的翻译，不仅仅是将异国的单词换成中国的汉字，而是同样的故事或者事件，用同样精美的汉语言文学方式表达出来。她说自己是"一仆二主"，同时伺候着原文"主子"，还有译文读者这个"主子"，力求双方都满意。

杨绛不仅翻译了《堂吉诃德》，还围绕着整本书，发表了一组论文，阐述整个作品的艺术价值及存在意义。

因为这部作品，杨绛也被推举成为中国翻译家学会的理事。

《斐多》是杨绛翻译的另一部作品，这篇文章的作者是柏拉图，是一部哲学作品，讲的是苏格拉底就义时，与门徒就灵魂是否不朽的事情展开的对话，最后饮鸩赴死。原著的语言是她之前不懂的古希腊文，她选择了这个困难的"课题"来做，依然坚持不刻板地按照原文的每个单词翻译，更注重文章的整体性和易懂性，让人们读起来能够理解原作者的本意。翻译这部作品，也让杨绛经受了一次思想和灵魂的洗礼。

这部作品出版后，被很多读者喜欢，被称赞为"迄今为止最感人至深的哲学译本"。

台湾女星林青霞曾经在自己的新书发布会上坦言，自己很希望成为杨绛一样的作家，"她翻译的《斐多》让我很震撼，我买了很多送给朋友。"

《堂吉诃德》出版之后，引起西班牙的重视，当时通过驻华大使多次邀请杨绛出访西班牙，前后邀请了三次，前两次杨绛都礼貌地拒绝了。第三次邀请，杨绛心中不忍再次拒绝，自嘲"赖不掉了"，钱钟书打趣她："三个大使才请动她！"

于是在一九八三年，杨绛随中国社科院代表团出访西班牙，并有很大的收获。她利用各种间隙，去解决自己翻译时候遇到的问题，一些词在她翻译文章的时候叫不准，而当时的字典单词量有限，有些词没有在其中。

例如，在翻译《堂吉诃德》的时候，堂吉诃德口中总出现一个名字——"托斯达多"，读起来类似"多斯达笃"。她经过多方查找，这个多斯达笃是西班牙阿维拉主教的译音，而托斯达多只是个绰号，意思就是"焦黄的脸儿"。出访的时候，心细的她在餐桌上发现了一个包面包的玻璃纸，上面印着"Pantosotado"，里面包着的面包，就是焦黄的颜色。

在之后游览托雷多古城大教堂的时候，她请教了当地的导游，才知道托斯达多是一位吉卜赛混血儿，所以脸色焦黄，有别于西班牙本地白人的脸色。他也是位出名的作家，也是第一位出现在我国文献里的西班牙作家。

这次出访，杨绛专门去塞维利亚的印第安档案馆寻找塞万提斯的相关资料，有一个意外的收获。当馆长得知这位东方女性正是《堂吉诃德》中文本翻译者的时候，很感谢她的贡献，并复印了一份塞万提斯的亲笔申请书，因为是原文稿件，上面的签名依然清晰可见，十分珍贵。

杨绛的口才也十分好，总是能几句话就抓住大家的兴趣点。在塞万提斯逝世三百六十六周年的纪念会上，主办方邀请杨绛出席，并希望她发言。

当天参会的都是拉丁美洲各国的大使，第一位发言的人主要介绍塞万提斯的生平简介，气氛十分沉闷，大家也都没什么反应。杨绛发言的时候，几句话就获得了满场的掌声。

她说："我们中国人有句老话：'天上一日，地上一年。'就是说，天上的日子愉快，一眨眼就是一天，而人世艰苦，日子不那么好过。我们一年有三百六十五天或三百六十六天。塞万提斯离开我们人世，已三百六十六年，可是他在天上只过了三百六十六天，恰好整整一年。今天可以算是他逝世'一周年'。我们今年今日纪念他，最恰当不过。"

现场嘉宾无不为这精彩的讲话鼓掌大笑，本来外文委觉得三百六十六年不是整数，没什么开的意义，一下子被杨绛解释得如此巧妙，十分敬佩。西班牙大使也为这精妙的解释吸引了，上场时只是简单的握手鞠躬礼，下场时大使行的吻手礼，他的夫人跟她热情地拥抱。

到英国伦敦出访的时候，杨绛把大部分时间都用在读书上，专挑在国内没法找到的书，想尽快都看完，免得留遗憾。到了伦敦，便省一切能省之事，只扑进大英博物馆。回国之时，带得最多的也是各种期刊书籍，满载而归。

杨绛和钱钟书都是中外文化交流的友好大使，多年的留学经验以及后来的文学研究、创作工作，让他们深知，掌握外语是一件很重要的事情。她经常鼓励年轻人："多会一门外语，好比多一把金钥匙，每把金钥匙都可以打开一座城门。城里有许多好看好玩的东西，好像一个大乐园。你们如果不懂外语，就会比别人少享受很多东西。"

她用亲身的经历讲给年轻人听，希望大家少走弯路，不要放弃重要的东西。亲切的"现身说法"让听者受益匪浅，也让更多人投入外语学习中来。

从前有个女儿叫阿圆

杨绛的小说创作也没有停止，在出国之前她已经发表了《璐璐，不用愁！》，这让她一直对小说的创作保持着浓厚的兴趣。

一九八一年，她开始整理自己的小说作品《倒影集》，旨在把自己比较优秀的作品集中在一起发表，作品以描写二十世纪四十年代女性生活故事为主，包括《"大笑话"》、《"玉人"》、《鬼》、《事业》，还包括了之前的《璐璐，不用愁！》，并于次年出版。

作品一直保持着杨绛诙谐、幽默的叙述方式，征服了很多的读者。其中《"大笑话"》是钱钟书认为她写得最好的一篇中篇小说。文章看起来夸张，却十分幽默，讽刺意味极强，描述了一个由女人们构成的世界，女人们的形象是光鲜亮丽的，但是她们却汇聚成了一幅"百丑图"。

故事的女主角陈倩是一个年轻漂亮的寡妇，在从上海去北京取先生遗物的时候，不料热心肠的太太们给她安排了相亲的约会，一场闹剧就这样上演了。

各路女神仙上演各自的好戏，探听隐私，虚伪自私，互相吹捧……每个人都有心中的小算盘，盘算着别人，也算计着自己，最后发现自己本身就是个闹剧，女人的世界是是非非，最后陈倩上了回去的火车，结束了这场悲剧。

在这个家中，每个人的作品，都会有两个固定的读者，杨绛的作品读者自然就是阿圆和钱钟书先生。阿圆曾经跟父亲聊到他们两个人写作的风格，阿圆说："妈妈的散文像清茶，一道道加水，还是芳香沁人。爸爸的散文像咖啡加洋酒（whisky），浓烈、刺激，喝完就完了。"

钱钟书也认同阿圆的看法，他一直觉得杨绛的散文要好于自己的，说"杨绛的散文是天生的好，没人能学"。还打趣说要是把自己年轻时候的作品跟杨绛的一起出版，就是自己献丑了。钱钟书是从心里欣赏杨绛的作品，对于外界对杨绛的称赞，他也很骄傲。

转眼几十年，杨绛和钱钟书已到暮年。杨绛开玩笑说，他们已经是"红木家具"。就看起来结实，实际上是用胶水粘着的，一碰就容易散架子，挪不了了。

年轻时候，杨绛身体不太好，吃的东西也不多，一直瘦小。老了之后，倒是钱钟书身体不好，经常感冒，杨绛便跟护士学如何打针，她亲自给钱钟书打。一九九四年钱钟书住进了医院，检查结果是膀胱癌，手术过程中发现右肾萎缩坏死，也一并切除了。

这是一场大手术，尤其是对钱钟书这个年纪的人来说，杨绛担心钱钟书的身体，钱钟书术后五十多天杨绛一直陪在病床前。医生护士看杨绛疲惫的样子，劝她回家休息，换其他人来看一看，杨绛疲倦的面容带着微笑说："钟书在哪儿，哪儿就是我的家。"

钱钟书也心疼自己的夫人，看她日夜守在那里，日渐憔悴，便让她找别人来。杨绛不肯走，她不放心别人照顾钟书，只肯亲自来。钱钟书再提这件事，她就聊别的，转移话题，钱钟书也知道是拗不过她的，就没再提了。

钱钟书出院的时候，杨绛本就瘦小的身体已摇摇晃晃，让人看着就心疼不已。

那段时间，为了让钱钟书恢复得更快，心情更好，阿圆回来住了一段时间，周末再回婆婆那去看一下。她总会带些教学的书过来，还会带家里用的日用品，也会带来一些外面的新鲜事儿，讲给他们听，逗他们一笑，一家人在一起总是那么开心。

出院后，钱钟书身体就一直不好，反反复复，不久又进了医院，这次一住就是四年，直到生命走到尽头。

这次检查的结果也很不好，膀胱颈上也发现了癌细胞，手术之后又出现了肾功能衰竭，紧接着抢救，最后开始做血液透析维持生命。

他的身体越来越虚弱，慢慢地连话也不能说了，但是杨绛跟他说什么的时候，他是能听懂的，证明他的头脑很清醒，他用眼神回应着。

杨绛一直陪着他，都很少回家，但是又担心钱钟书的身体顶不住，就在家熬鸡汤来给他补身体。钱钟书已经不能正常进食了，只能把鸡汤混在营养液中。为了保证钱钟书的营养，她总要打各种各样的果泥、肉泥来为钱钟书改善"伙食"，因为他只能鼻饲的方式摄取，杨绛很细心地处理食物，就连鱼肉也要用针一根根把刺剔除，鸡肉也要把肉筋挑出来，然后捣碎成细细的泥才可以，而她自己倒可以"将就"！

杨绛这四年一直这样坚持着，阿圆也很忙，工作很累，她舍不得女儿来回跑。阿圆一周来两次，跟爸爸谈心，聊聊工作和学校里的事，这些都是钱钟书爱听的。此时的钱钟书已经没有力气像平时那样聊天，但是从他的眼神里就能看得出，女儿来的时候，他最开心。

阿圆每次都比杨绛早退一小时，钱钟书心里记着时间呢，要是提前几分钟走，钱钟书便会生气，说："没到时间呢。"等过了几分钟，他便让阿圆走了，他心里计算着时间，不用看表也很准，阿圆称他是"爸爸'灵童'"！

但不久以后女儿也病了，住进了医院，这让杨绛又受到一个天大的打击。

女儿的病，跟工作的劳累有关系。阿圆继承了妈妈的淡泊名利，只钻工作。阿圆的工作很出色，也很用心地做学问，先后做了北京师范大学英语系教授、中英合作项目负责人，英国《语言与文学》编委，全国高校外语专业指导委员会和北京师范大学学术委员、学位委员会的各种委员。

从一九六六年从事英语教学开始，一九七八年公派至英国兰开斯托大学进修英语及语言学，一九八〇年回国。一九八六年晋升教授。一九九三年被北京师范大学聘为外语系英语语言文学博士生导师，一路走来，阿圆一直是杨绛和钱钟书的骄傲。

她一直很热爱自己的工作，每天要备课很晚，第二天还要走很早。学校当时人手不够，所以她身上的课也很多，因为她住的地方跟学校很远，需要坐很久的车。一直以来这样大压力的工作，她的身体越来越吃不消了。

那段时间，阿圆身体开始不舒服，先是咳嗽不止，刚开始以为只是着凉感冒，然后又腰疼。家人劝她去医院看看，她为了节省时间只去了校医务处，诊断可能是支气管炎，开了点药吃当是治了。

阿圆腰疼越来越严重，后来连弯腰都费劲，没有办法蹲下捡地上的东西，但她一直也没去医院，由此耽误了病情。这些事情她并没有告诉妈妈，当时的杨绛正在照顾钱钟书，她心疼妈妈。

她对妈妈说，腰疼是因为"挤公交汽车闪了腰"。就算病痛如此折磨她，她却从没耽误过工作，甚至还去成都参加了当年全国高校外国语教材编审委员会的会议。回来之后的一天清晨，阿圆腰疾发作，甚至起不来床，她才决定去了医院，到医院一检查，确诊为骨结核，而且脊椎已经有三节发生了病变。紧接着又发现肺也有些问题，随即办理了住院手续。

专家会诊的结果，让她很吃惊，此时的她已经是肺癌晚期，肺部积水，癌细胞已经扩散，病情很严重。入院之后病情也没有得到控制，阿圆日渐虚弱起来。

阿圆住院后，除了每天固定地打针吃药，躺在病床上依然看书和工作。可是身体的疼痛让她看一会儿书就得歇息一下，写几个字就会酸痛不已。

对于母亲，她一直隐瞒着，报喜不报忧，两个人每天都会通下电话，她们把这种方式称为"拉指头"，因为没有办法像见面后手拉手般亲热，所以便只能到达"拉拉手指头"的级别。

妈妈知道阿圆病情的详细情况的时候，无疑是晴天霹雳。阿圆却不让母亲来探望，她知道如果母亲看到自己憔悴的样子定会更伤心。当时的阿圆，因为化疗，一头黑发已经掉光了，她笑称："我现在是尼姑了。"

她继承了母亲的乐观和坚强，面对来探望的学生总是谈笑风生，很少聊到自己的病痛。杨绛也不敢把这些事告诉钱钟书，只是说阿圆住院了，是骨结核，但是可以治好，一年左右就可以出院了。钱钟书听了说："坏事变好事，从此可卸下校方重担。此后也有理由可推托不干了。"

一九九七年三月四日，她先于父亲离开了这个世界。在这之前的几天，她似乎感觉到自己的身体快支撑不住了，她提出要见妈妈。看着自己心爱的孩子因为病痛的折磨变了样子，却强颜欢笑地跟自己说话，那般感觉应该是撕心的痛吧。

阿圆在最后的时间曾给杨绛打电话说："娘，你从前有个女儿，现在她没用了。"去世前一天，杨绛拉着阿圆的手，对她说："安心睡觉，我和爸爸都祝你睡好。"阿圆就笑了，笑得像花一样，也像孩子的样子，在妈妈身边，多大都是幸福的孩子。

钱瑗火化的时候，杨绛没有去，她需要去医院照顾钱钟书，更是不忍面对那样离别的场面，心中默默送着女儿，愿她慢慢走。在钱瑗充满笑容的遗像旁，摆放了一只精致的花篮，素带上寥寥数字：瑗瑗爱女安息！爸爸妈妈痛挽。每个路过的人，都忍不住流泪。为钱瑗，也为最爱钱瑗的爸爸妈妈。

钱瑗生前曾说，骨灰不用留。但钱瑗走后，北京师范大学外语系师生们舍不得她，他们恳求杨绛先生留下钱瑗的部分骨灰。后来，他们将骨灰埋在校园内一棵雪松下。在钱瑗离开差不多百日的时候，杨绛去了那棵雪松的地方，安静地坐了坐，她套用东坡的悼亡词："从此老母肠断处，明月下，长青树。"后来有人看到了她，她便默默地离开了那里。

永远的"夫在前，妻在后"

女儿离开后，杨绛迅速地坚强起来，因为另一家医院还有同样很需要自己的丈夫，八十多岁的老人，正是需要别人照顾的时候，她却一直照顾着亲人，还要经受这般的磨难。她希望钱钟书能挺过这个鬼门关，可以好起来，她每天都在鼓励钱钟书，要坚强。

还有一个大问题需要杨绛一个人面对，那就是阿圆离开的事情，如何告诉一直住院的钱钟书。怕钱钟书经受不住这么大的打击，她决定先隐瞒这件事，装作阿圆还很好，每天依然作为传话员，还读阿圆写的文章给钱钟书听。

大概四个月之后，钱钟书的病情比较稳定，杨绛思考再三决定将实情告诉他，总不能一直隐瞒下去。她花了一个星期的时间，慢慢地将这件事渗透给他，最后将实情告诉了他，他点了点头，也许他心中早已经有预感了，只是没有说出来吧！

要知道，钱钟书跟阿圆是最"哥们儿"的，父女之间有着难以言明的爱，他们跟杨绛撒娇的方式就是"欺负"她，例如，杨绛出国的时候，只有他们父女俩在家，两个人就不打扫房间，连床都不铺，等到杨绛回来的日子快到了的时候，才应急整理一下，等到杨绛回到家之后，阿圆便会轻声地跟父亲嘀咕："狗窝真舒服。"

时间并不会因为有爱而驻足。钱钟书已成为一位八十八岁的老人。他生日那天，下着雪。中共中央政治局委员李铁映到医院祝贺钱钟书的生日，杨绛代表丈夫表达了感谢。

接下来的一段时间，他的病情相对比较稳定，杨绛稍微松了口气，但是这段时间并不长。一九九八年十二月初的时候钱钟书病情出现了反复，开始持续发烧。院方得到中央的指示，全力想办法，组织了专家研究处理办法，却一直没有控制住他的病情。

杨绛心里明白，这是一个不好的征兆。他留下的最后一句话是"好好活"，之后不久便离开人世，陪伴女儿去了。

最后的时间，他似乎没有了痛苦，杨绛守在他的床前，用家乡话一直在他耳边说着什么，直至他停止了最后一次呼吸，杨绛在他额头留下一个轻吻，吻过一世桑田！

一九九八年十二月十九日，中国著名作家、文学家钱钟书离开了，他还有一个重要的身份，便是杨绛先生的丈夫。在"临行"之前，钱钟书曾把自己的葬礼嘱咐给了杨绛："遗体只要两三个亲友送送，不举行任何悼念仪式，恳辞花篮花圈，不保留骨灰。"低调了一生的他，决定用最朴素的方式宣告人生的结束。

他把这个最后的重任交给了自己结发六十多年的妻子——杨绛。这是他这辈子最放心的"朋友"了，有她在，他什么都放心。

杨绛按照他最后的要求，涉及丧事的一切从简。在医院，杨绛为钱钟书换上了他最喜欢的衣服行装，好几件都是她亲手做的。之前杨绛要把这些旧衣服捐出去，遭到了钱钟书的阻拦，他说这些衣服"慈母手中线"，丢不得，因为舍不得。

钱钟书在医院的告别式，一些得知了消息的人在这里做了凭吊，人很少，房间里也没有布置鲜花和挽联，只是"穿戴整齐"的钱钟书安静地躺在那里。钱钟书穿着一件黑色的呢子大衣，深蓝色的贝雷帽，灰色的围巾，像之前他常常打扮的那样，安静得像睡着了，陪伴他的只有白的床单、青的松柏，还有杨绛亲手扎制的花篮，里面有紫色的勿忘我和代表纯爱的玫瑰……

最后送行的，也只有家人，还有闻讯赶来的至亲朋友，一切都按照他最后嘱咐的进行的，将他送到八宝山的火葬场。在火化之前，杨绛最后一次掀开那盖在脸上的白布，仔细看着他的脸，静静地取下眼镜，目送着他进入火化间，这是他们最后一次分开，那句"只有死别，不再生离"依然响在耳边！

大家怕她太伤心，劝她离开，休息一下，她不肯离开，就站在那里，最后的这一站，她也要守着他，像过去这六十三年经历的每一件大事一样，她都要守着他。

最后他的骨灰就近抛撒了，所有的事情跟他嘱托的一样。有人跟杨绛说，可以把葬礼办得隆重些，但是杨绛还是坚持这么做。她也婉拒了大家送的鲜花和挽联，以及其他的一些表示。

所有的事情办完之后，疲惫的杨绛回到住所，现在剩下钱钟书安排的最后一件事要做好：好好活！她与钱钟书相扶相守六十三载，用自己的一生讲述了什么叫作纯净的婚姻。

杨绛只求能比钱钟书多活一年就好，这样她便能很好地照顾他到最后，也应了那句话"夫在先，妻在后"，她的愿望实现了，也别无所求了。杨绛说自己是钱钟书的尾巴，两个人互敬互爱一辈子，钱钟书对她是十分崇拜的，还说在翻译方面，杨绛要比自己做得好。

钱钟书住院之时，有人带着钱钟书的诗集《槐聚诗存》想请他俩签名，到了才知道钱钟书已经住院半年多了，康复的时间依然遥遥无期。不过杨绛代钱钟书签名盖章，还特意把钱钟书的名字写在她名字前面，她还一边盖章一边微笑着说："夫在前，妻在后。"

在钱钟书离世的那段时间，一位朋友上门去探望杨绛。进门后还没说话，看到杨绛一个人坐在那里，孤孤单单，来的朋友止不住地哭了起来，泣不成声。杨绛忙拉过她的手，安抚她说："你比钱瑗小四岁吧？傻孩子，我都挺过来了，你还这样哀伤？你不懂呀，如果我走在女儿和钟书前面，你想想，钱瑗、钟书受得了吗？所以，这并不是坏事，你往深处想想，让痛苦的担子由我来挑，这难道不是一件好事吗？"

一位八十八岁的老人，刚刚经历了生离死别的痛，还安慰替她伤心的人，她一辈子都是这样的坚强，让人不得不敬重她。她用她的大爱守护着爱人和女儿，守护着她心中的家。

之后的日子，杨绛就更少出现在公众视线中，只在家安静地看书，很多人想上门拜访，也都被她一概拒绝了。她爱读书，赋其为一种精神的享受。

书中的世界，一直是她和钱钟书所向往的，之前每到一个地方，最爱的便是图书馆了。她爱读书，读书可以带她去"串门儿"。每一本书后面都有一扇门，只要你打开书，便可以轻松地了解这扇门后的故事。

杨绛写过一篇名为《隐身衣》的散文，文中提到她们夫妻俩最想要的一样法宝便是"隐身衣"，这样就可以"大隐隐于市"，躲开喧哗世界，专心看喜欢的书，她也很喜欢英国诗人兰德的一句诗："我和谁都不争，和谁争我都不屑；我爱大自然，其次就是艺术；我双手烤着生命之火取暖；火萎了，我也准备走了！"

她喜欢"隐身"的生活，不被人打扰，自由地思考和读书，这是她跟钱钟书一生的愿望。低调、睿智、平静是她的关键词，她很欣慰自己"甘当一个零"，从最低点出发，每一步都是进步。而含忍是为了自由，要求自由得要先学会含忍。

杨绛年事已高，身体也大不如前，但她依然坚持按照自己的方式生活和继续工作。她想把钱钟书生前很多没有整理完的稿子和笔记整理出来出版，也算继续做他的助手了。

杨绛曾说"钟书逃走了，我也想逃走"，但是"我压根儿不能逃，得留在人世间打扫现场，尽我应尽的责任"，她还有很多事需要处理，时间很紧张，她生怕做不完。

钱钟书有很多手稿，被放在抽屉里、柜子里、箱子里、麻袋里、书桌上，零零散散，跟着他们辗转多地。很多人来电话，想要出版钱钟书的东西，但是钱钟书坚持要自己审过才行。

现在钱钟书走了，这个工作杨绛就接了过来，她自称是"钱办主任"。这些稿子有些因为颠沛流离已经破碎，她就一点点地拼起来，粘好，然后装订起来，重新审一遍。

也多亏了"钱办主任"，让钱钟书更多的优秀作品能够出版面世，否则会成为文学界的一大损失。虽然这些稿子出版前，没有经过钱钟书亲自确认，但是杨绛也舍不得就这样"放弃"它们，所以还是决定作为资料出版了。

很多手稿字迹已经模糊，杨绛就凭着自己对钱钟书的了解，一点点复原着，因为数量实在是太多了，一段时间杨绛常常失眠，怕来不及做完这些事，愧对了钱钟书。

数量庞大已经不足以形容他的手稿数量，经过杨绛后期的整理，共有外文笔记一百七十八册，总计三万四千页；中文笔记三万多页；"日札"二十三册，两千多页，加起来共有四十卷之多，这其中她倾注的精力可想而知。

外文笔记涵盖了英文、法文、德文、意文、西班牙文、拉丁文等多国文字，大部分都是手写的，记录读到一本书第几页第几行的所思所想。杨绛不太懂德文和意大利文，作为《围城》的德文翻译莫芝宜佳博士帮了她不少忙，她也是最早翻译《管锥编》的外国学者之一。

钱钟书中文的笔记则是跟日记混在一起的，在记录每天发生什么事的时候，也记录当日读了什么书，有什么观点和看法，因为之前特殊时期的涤荡，很多稿子已经支离破碎了。

而"日札"就是单纯的读书心得了，大部分是中文书写，也穿插了外文，所读的书，古今中外，种类繁杂。有人说钱钟书记忆力超强，能够过目不忘，但是只有杨绛知道，钱钟书是好读书，且会读书。他很认真地做笔记，而且好的书他不止一遍地读，多的时候会读三四遍。

最后，《钱钟书手稿集》出版的时候，杨绛依照两人之前的约定，为该书亲自题写了书名，作为纪念。

出版社对此书也十分重视，希望最大限度地还原钱钟书先生的手稿，引进了最先进的扫描仪，也指派了专门的人来负责这件事。前后共耗时两年，工作人员将每一篇扫描下来，分成小区，然后每小区用技术手段去除污点，再调整清晰度，达到力所能及的效果。

出版这套手稿的项目在二〇〇〇年耗资三百万元，是一笔很大的资金，但这一切都是值得的，为人类历史保存了这份难得的资料，成为宝贵的文化遗产，也让杨绛了却了心中一件最大的事。

　　《钱钟书集》收录了钱钟书全部著述，全书都为繁体横排，对《塞上》、《柳枝词》、《对雪》、《寒食》和《村行》等宋诗做了注释，杨绛也倾注了很多心血。

　　"钱钟书六十年前曾对我说：他志气不大，但愿竭毕生精力，做做学问。六十年来，他就写了几本书。本集收集了他的主要作品。凭他自己说的'志气不大'，《钱钟书集》只能是菲薄的贡献。我希望他毕生的虚心和努力，能得到尊重。"杨绛如是说。

笔做情·纸上找寻曾经和未来

人生最坦然的时刻，便是来到了生命的边缘，可以平静地回首一生的往事。很多事情在发生的时刻变成了巨大的怪兽，看似不可战胜，看似没有希望，回首之时，却只是一记笑谈，云淡风轻般寥寥几字便带过了；有些事情当时觉得是件莫大的幸事，到头看来，也只是个苦难的伏笔。这是只有历尽人世沧桑后，才能体会得尽的人生奥义。

　　作为家里留守世间的人，杨绛安静地完成每一件余下来的事，世间繁杂故事，皆已淡然。百年的沧桑此时只是额头的几条浅浅的纹路，头上丝丝的白发，还有从内而外散发的淡然，留下的文字只是证明她和他们，都来过！

我现在是"我们仨"

　　就在二〇一三年五月，一个消息让关心杨绛和钱钟书的人为之震惊，中贸圣佳公司发布公告，将于二〇一三年六月在北京举行包括钱钟书、杨绛、钱瑗书信及手稿等共计一百一十件作品专场拍卖会。这一百一十件作品包括六十六封钱钟书书信以及《也是集》手稿，十二封夫人杨绛的书信和《干校六记》手稿，还有六封女儿钱瑗的书信。这些作品中的书信是钱钟书在二十世纪八十年代与当时香港《广角镜》杂志社总编辑李国强的往来书信，信中内容可以推断出两人相识于一九七九年，相交相识直至钱钟书去世，两家一直保持着联系。信件的内容大部分是与《也是集》出版相关的，最开始钱钟书称呼对方为"国强先生"，后来的信件演变成"国强我兄"，根据这种称呼上的变化，便可以认为两人关系日渐紧密，除了出版相关的事情，两人还聊及家中琐事，钱钟书还拜托帮忙照顾钱瑗。其中包含了钱钟书对历史和学人的评判，例如，在其一九八一年的一封信中，他谈到《红楼梦》的英译本："因思及Hawkes近以其新出译本第三册相赠，乃细读之，文笔远胜杨氏夫妇（杨宪益与戴乃迭），然而此老实话亦不能公开说，可笑可叹。"所拍卖的书信，均是毛笔书写，笔韵笔锋皆见功力，作为文学作品的收藏人士，这是十分珍贵的作品。就是这些"不能公开说"的事情如今却要被展出甚至拍卖，让每个关心钱钟书的人都很气愤，已过百岁的杨绛先生也很吃惊。她在二十日左右得知的拍卖消息，随即给香港的李国强打去电话，询问他："我当初给你书稿，只是留作纪念；通信往来是私人之间的事，你为什么要把它们公开？""这件事情非常不妥，你为什么要这样做？请给我一个答复。"李国强说："这件事情不是我做的，是我朋友做的。"

电话的最后，李国强承诺会给杨绛一封书面答复。然后记者去跟李国强核实这个消息的时候，他表示："我不知道，这件事情和我没有关系。"随即就挂断了电话。

时已一百〇三岁的杨绛先生发表了一份坚决的声明，反对拍卖公司对其本人与钱钟书及女儿的私人书信被拍卖，如果拍卖举行，她将诉诸法律，维护自己和家人的合法权利。并随后向北京市第二中级人民法院提出诉前申请，要求责令对方停止拍卖。她质问："个人隐私、人与人之间的信赖、多年的感情，都可以成为商品去交易吗？"

这件事引起文学界的重视，北京大学、清华大学、人民大学三所高校的民法、知识产权法和宪法领域的权威法律专家，对拍卖私人信件是否牵扯法律问题进行了专题研讨。最后，专家们认为：未经作者同意，拍卖私人信件严重侵害了作者及他人的隐私权和著作权，违反公序良俗，应依法禁止。

后经法院审查，于二〇一三年六月三日依法做出禁止中贸圣佳公司实施侵害著作权行为的裁定。该公司被迫停止了对涉案书信手稿进行的拍卖会。杨绛认为，虽然涉案公司停止拍卖，但李国强作为收信人将涉案书信手稿交给第三方的行为，以及中贸圣佳公司在司法裁定前，为拍卖会举行的准备活动，已构成对其著作权和隐私权的侵犯，她最终决定将拍卖公司和李国强告上法庭。

二〇一四年二月十七日北京市第二中级人民法院通报称，北京市第二中级人民法院一审判决两被告停止涉案侵权行为，赔偿杨季康各种损失共计二十万元，并公开赔礼道歉。对于捐献了所有版税的杨绛先生来说，二十万根本不是她起诉他们的目的。她是在捍卫自己的亲人，保护钱钟书和阿圆生前的所有，拍卖信件是对他们隐私的不尊重。作为文学家、作家，他们将优秀的作品呈现给读者，而书信实属私人物品，公开拍卖是对逝者的不尊重，她要为亲人讨个公道。

钱钟书走后，当有人问起关于他的事，杨绛回答中最常出现的词就是"我们"，也许，在她心中钱钟书从来不曾真正离开，只是换个方式存在。她常说她跟钱钟书是志同道合的夫妻，都爱做学问，都爱读书，志趣相投。钱钟书和阿圆，是她这辈子的骄傲。

他们两个从来没有离开过杨绛的生活。一次杨绛翻看旧书，是孟森著作的《明清史论著集刊》，里面还有之前钱钟书读书时候做的一些标记，做标记的地方杨绛都会看得很仔细，揣摩当时是什么吸引了钱钟书，却突然想到这个孟森先生是她的旧相识，小时候还行过鞠躬礼，杨绛称呼他为"太先生"，她多想把这个意外的发现告诉钱钟书，可是没办法告诉了，他已经去世了，留下的人难免感伤。

钱钟书去世后，杨绛做了一个重大的决定，这个决定震撼了整个教育界。她把他们夫妇全部的稿酬版税全部捐赠给了清华大学，设立了"好读书"奖励基金，旨在鼓励年轻人多读书、读好书，将他们两人在读书方面的精神延续下去，传承、发扬，希望更多努力的孩子可以通过读书，也看到他们看到的那个美好的世界。

很少出门的杨绛先生出席了"好读书"奖学金的捐赠仪式,并捐助了七十二万元稿酬,以及以后出版作品的报酬,这非常有可能成为清华大学个人捐献金额最大的一笔奖学金项目。

轮到杨绛讲话时,主持人示意她可以坐着说,但是她说:"我个子小,要站起来说。"便还是执意站着发表讲话:"这次是我一个人代表三个人说话,代表我自己、已经故去的钱钟书和女儿钱瑗……在一九九五年钱钟书病重时,我们一家三口共同商定用全部稿费及版税在清华大学设立一个奖学金,名字就叫'好读书',而不用个人名字;奖学金的宗旨是扶助贫困学生,让那些好读书且能好好读书的贫寒子弟,能够顺利完成学业……感谢清华大学帮助我实现了我们一家三口人的心愿。"

她说:"收到几十万元稿费得跑银行,还要去税务局交税,麻烦,著作权拿在手里更是烦心事,有时难得认真起来还要跟人打官司,不如交给学校管理。"她将稿费和著作权交给清华大学托管,便做了甩手掌柜,落得个洒脱。杨绛对于文学教育事业的巨大支持,让人敬佩。

清华大学,是一家三口人的母校,也是她跟钱钟书定情的地方,两次破格聘用钱钟书,一家人都是清华大学的著名学者,这是怎样的缘分。

清华大学将书有"功存教育,义声长孚"的证书颁给了这位九旬老人,这是对教育界贡献至高的肯定。

杨绛先生捐出了大额的奖学金,但她的生活却一直保持着最简单的方式,甚至还保持着钱钟书先生在的时候的一些东西,包括为他搭配的"下午茶"。房间里摆放的是最简单的家具,没有多余的装饰,像他们的人一样,无形的知识是他们最大的财富。

女儿钱瑗的离去,也让清华大学的同事和学生悲痛不已,为了纪念同样杰出的她，二〇〇五年三联出版社出版了《我们的钱瑗》一书，作者包括杨绛在内，还有钱瑗的老师学生、继女继子及同事好友，大家从各个方面描述了一个真实的钱瑗。

书中记录了钱瑗很多生活的细节，从小到大的一些趣事。包括钱钟书批改的钱瑗的作文，还有一些钱瑗的照片，每张照片旁都有母亲细心的说明，让人们全方位地了解了钱瑗的善良真诚、孝顺谦和。

关于钱瑗的婚姻生活，外界一直有很多说法，在《我们的钱瑗》中，亲人和朋友对她的第一段婚姻做了详细的描述，为大家呈现了那段婚姻的心酸与无奈。而钱瑗并没有孕育自己的儿女，由继子继女描写了钱瑗的第二段婚姻。

对于钱瑗的离开，她的学生也有很多的惋惜，杨绛说："钱瑗热心教书，关怀学生，赢得了学生的喜爱。她为人刚正，也得到学生和同事的推崇。"

钱瑗的两位香港学生回到北京师范大学，其中一位捐款一百万港币，用来成立"钱瑗教育基金"，用来纪念这位恪尽职守的老师。另一位学生则在《香港文学》上刊登了《纪念钱瑗专辑》，大家得知这个消息之后，纷纷动笔纪念，很多文章都被收录在了《我们的钱瑗》一书中。

钱瑗在自己的工作方面，一直做得很出色，这与父母的身体力行有着很大的关系。

她敢表达自己心中的想法，就算在人数众多的大会上，她也丝毫不畏惧。当时她参与编写《英汉小词典》，有一个"特殊"背景的会议召开，提出了一个"极左"的规定：凡"女"字旁的字都不能用。在场的其他人都赞成这个想法，年纪最小的阿圆却不赞同，她心中思索了一下，便说："那么，毛主席词'寂寞嫦娥舒广袖'怎么说呢？"这个勇气连妈妈都十分佩服。

钱瑗曾兼任外语教学英语教材编审委员会的委员，一次，另一名委员推荐了一本文学史的教材，还介绍说，此书得到了钱钟书先生的肯定和推荐。此话刚出口，一旁的钱瑗站了起来，大声说："我父亲没有推荐！"

一句话让那个委员十分尴尬，赶紧挑出来几封信，意思是里面有钱钟书肯定和推荐的证据。其他的委员忙打开信看，从头看到尾，发现钱钟书信中所说大部分都是客气的套话而已，结尾处还留下"容后再度"，钱瑗说的是对的，她的父亲并没有推荐这本书。

从事教育行业的钱瑗，一直潜心研究自己的专业，杨绛在《尖兵钱瑗》中说她："她既然只求当尖兵，可说有志竟成，没有虚度此生。"只可惜英年早逝，闻者伤心，听者流泪。

写一个女儿给自己

　　九十二岁那年，杨绛先生创作了《我们仨》，用平淡的文字记录下三个人六十年为亲人的特殊缘分。女儿和丈夫一前一后离开，对这位老人而言无疑是沉重的打击，心痛是可想而知的感受，她想把这三个人在一起的时光记录下来，趁着那些记忆尚且清晰。她说，她要写一个女儿来陪着自己。

　　事实上，最开始，是朋友建议杨绛先生把一家人的事情前后都记录下来，但是当时杨绛正在照顾同时住院的钱钟书和钱瑗，已经心力交瘁，虽然想写，但是力不从心。躺在床上的阿圆知道这件事后，自告奋勇要求她来写，名字起好了，就是《我们仨》。

　　当时的钱瑗身体已经很不好，医院告知脊椎癌已经到了晚期，她在忍受着很大的痛苦。为了把自己和父母的事情记录在纸上，她让阿姨举着，自己仰卧在病床上写，这是她当时唯一可以写作的姿势了。

　　杨绛来看女儿，发现女儿写得十分辛苦，当时因为化疗，她已经不能进食了，写作也是断断续续地在进行着，她跟女儿商量先不要写了，先好好养病，病好了再写。钱瑗无奈停笔，停笔后的第五天，她离开了这个世界……书的大纲也列了出来，结果因为病情的发展，到最后钱瑗的愿望并没有实现。母亲想完成女儿的遗愿，亲自执笔，记录共同属于他们三个人的故事。

写作过程是回忆，也是再次经历一次。每次回忆，也是每次的思念，有杨绛思念的父女两个，在天国也会微笑。整个写作的过程，也是杨绛先生用自己的方式，跟他们两个聚了又聚。

回忆是以一个梦境开始的，用一种轻描淡写的方式开始了一段不太轻松的旅程，记录最后的那段日子。三口人彼此支撑着走过的梦的走廊，到达一个岸边，停靠了，休息下。万里长梦，一千六百天。

梦中，钱钟书跟女儿一起玩耍，突然一个电话过来，让钱钟书第二天去开会。第二天早上钱钟书被一辆陌生的汽车接走了，没有说会去哪，也没有说什么时候送回来。还好女儿心细，记住了爸爸要去的地方的信息，杨绛带着女儿一直在寻找着他的消息，最后找到了古驿道，在那里一家才又一次的团聚。

古驿道，是一条每个人终要走上的路。这条路上，你要把亲人送走，这条路你也注定要走一遭。本应该是一个凄凉黑暗的处所，杨绛却把那里描写得安静又神秘。

这个地方，有属于自己特殊的规则和警告：

"警告是红牌黑字，字很大。

（一）顺着驿道走，没有路的地方，别走。

（二）看不见的地方，别去。

（三）不知道的事情，别问。

规则是白纸黑字，也是大字。

（一）太阳落到前舱，立即回客栈。驿道荒僻，晚间大门上闩后，敲门也不开。

（二）每个客栈，都可以休息、方便，进餐，勿错过。

（三）下船后退回原客栈。"

每个来这里的人都要遵守，无论你是谁，你之前多么显赫抑或是多么富贵，来到这里，你就"众生平等"。

事实上，这个"古驿道"就是钱钟书最后所住的医院，梦中杨绛奔波来往于古驿道，前后有四年半的时间，杨绛奔波于钱瑗和钱钟书分住的两个医院，照顾、安慰、陪伴，到最后送走了他们两个。

文字中，真真假假、假假真真、亦幻亦真，分不清哪些是梦，哪些是实，但情是真切的。钱老先生所在的311号船，就是他生病期间在北京医院北楼的311室，在这艘"船"上，在杨绛的陪伴下钱钟书一住就是一千六百个日日夜夜。那古驿道上安排的一站又一站的客栈，便是她每一次的挽留和不舍，虽然不想离开，但是离别的脚步一直缓慢地前行，它不会为任何一个人停下来。

梦中的钱钟书很虚弱，见到杨绛和钱瑗却还是用尽力气想说话，脸上还挂着泪痕。他觉得自己很累，像是被折腾去了许多地方，最后才停到这古驿道上，生怕杨绛和女儿找不到自己。看到了她们，他才安心地休息一下。

每天回到"客栈"的杨绛，都担心钱钟书的船会漂到自己找不到的地方，船上没有船工，没有艄公，她夜里也睡不踏实，只盼第二天快点来，她好被允许去探望他。医院探望的时间有严格的要求，她只能遵照医院的"警告和规定"。

她曾试想跟阿圆把钱钟书"驮下船溜回家"，但又知道这只是痴想罢了，只好在每个夜里都盼第二天早些来，又怕第二天来到了，告别就要提早一天。

梦中的阿圆也病了，钩钩自己的手指，说是老毛病复发。小时候的钱瑗有过一次毛病，手指肿得很，大夫说是骨结核，基本无药可治，杨绛也不愿放弃，最后真的好了。这次复发会怎么样，杨绛心中却没了底，毕竟钱瑗已经不是那个小孩子，也是个要退休的人。

在她的梦中，钱瑗康复了，来到船上看她跟父亲，还亲热地聊天。

在病中的钱钟书，头脑还很清醒。一九九六年十一月十二日，躺在病床上的他忽看着杨绛背后连声唤："阿圆！阿圆！"

杨绛安抚他说："阿圆在医院里呢。"

钱钟书却说："叫她回家去。"

"回三里河？"

"那不是她的家。"

"回西石槽？"（钱瑗的婆家）

"西石槽究竟也不是她的家。叫她回到她自己的家里去。"

杨绛答应他，会把他的话转达给阿圆，他才安静，闭上眼睛不说话了！

之前杨绛跟父亲便有过"心有灵犀"，钱瑗跟爸爸也是"骨肉相连"的，后来杨绛把话带给阿圆，她笑着点点头，她懂爸爸的意思了。钱钟书的护工说，从那天开始，钱钟书梦中只喊过杨绛和娘，再也没有叫过钱瑗的名字，也不再怎么问女儿的病情之事了。

钱瑗真的好了吗？还是只是在梦中来告别！

梦中的阿圆陪着杨绛下了船，她扶着杨绛说："娘，你曾经有一个女儿，现在她要回去了。爸爸叫我回自己家里去。娘……娘……"

她是太思念女儿了，想用一切换来女儿的康复，但这却只能是个梦，梦中的女儿软软地叫着"娘"，然后就不见了，从此消失了，从真实的世界消失了。

　　梦总会醒，女儿还是离开了，只是心痛的感觉却真实地存在，女儿是娘身上掉下来的肉，女儿的离开娘的感觉是怎样的感觉？"我使的劲儿太大，满腔热泪把胸口挣裂了。只听得啪嗒一声，地下石片上掉落下一堆血肉模糊的东西。迎面的寒风，直往我胸口的窟窿里灌。我痛不可忍，忙蹲下把那血肉模糊的东西揉成一团往胸口里塞；幸亏血很多，把滓杂污物都洗干净了。"

　　梦中的钱钟书看到了临走的阿圆，却知道那不是真的阿圆。他说他知道阿圆是不放心爸爸妈妈，钱钟书心里都明白，都明白！

　　"古驿道上夫妻相失老人的眼睛是干枯的，只会心上流泪。女儿没有了，钟书眼里是灼热的痛和苦，他黯然看着我，我知道他心上也在流泪。"

　　三个人变成了两个人，一个人离去，三个人都伤心！一场梦醒来，人已隔世，杨绛一个人躺在三里河家中的床上，这场梦耗尽了她最后一分力量，还有最后一分希望，却给了她无穷无尽的思念，结束了这场万里长的梦。

　　梦中最后的场景，她在古驿道迷了路，没了方向，找不到客栈，更找不到311号码的船，她一直走一直走，眼前的景色越来越模糊，最后就一片漆黑，只能听到水声。

　　她只好沿着来的路回去，像一片叶子被风卷着走，没有可以抓住的稻草，也没有树枝的羁绊，再睁开眼时："三里河的家，已经不复是家，只是我的客栈了。"

　　第二部分，就是回忆她和钱钟书从一九三五年开始的两个人的生活、留学、育女、做学问，直至一九九八年钱钟书先生先离开的时光。

时间跨越了六十三年，这个家庭经历了那个时代的所有变迁，战火、疾病、政治风暴到最后的生死离别，家庭是所有人遮风避雨的大树，有家就有方向。

三个人，每个人在家庭中都有自己固定的角色，也有其他"兼职"的角色，杨绛曾在《我们仨》中这么描述他们三个人的关系，让我们对这三个人在一起时的情形有了一个猜想的根据：

"我们仨，却不止三人。每个人摇身一变，可变成好几个人。例如，阿瑗小时才五六岁的时候，我三姐就说：'你们一家呀，圆圆头最大，钟书最小。'我的姐姐妹妹都认为三姐说得对。阿瑗长大了，会照顾我，像姐姐；会陪我，像妹妹；会管我，像妈妈。阿瑗常说：我和爸爸最'哥们儿'，我们是妈妈的两个顽童，爸爸还不配做我的哥哥，只配做弟弟。'我又变为最大的。钟书是我们的老师。我和阿瑗都是好学生，虽然近在咫尺，我们如有问题，问一声就能解决，可是我们决不打扰他，我们都勤查字典，到无法自己解决才发问。他可高大了。但是他穿衣吃饭，都需我们母女把他当孩子般照顾，他又很弱小。"

最后，只剩下杨绛一个人，守着一盏曾经照亮归途的灯，独自用文字缝制着生命的地图。她用百年的经历最好地为我们诠释了一个字——家！

这是一部人生教科书，它教导人们应当如何面对苦难、面对死亡、面对幸福、面对人事变迁，也教导人们如何回忆自己的一生。

开篇的长梦和结尾的"世间好物不坚牢，彩云易散琉璃脆"，告诉我们的是，悲喜交加便是人的一生，婴儿落地，有人哭有人笑，便是知道这一生注定不好走。

杨绛的文字让人很快就静下来，读着，却像有位慈祥的老人用缓慢的语气讲述远方的故事。无论那里是怎样的狂风暴雨，她讲述得总是波澜不惊，像怕你受到伤害，呵护着你的心，可是你们并不相识。

杨绛文学语言的成功是有目共睹的。其简洁的语言，看起来平淡，无阴无晴，不做作，不矫情，不耍花枪，然而平淡不是贫乏，阴晴隐于其中，经过漂洗的苦心经营的朴素中，有着本色的绚烂华丽。干净明晰的语言在杨绛笔下变得有巨大的表现力。

在钱钟书最后的日子里，她一直守在那里，像是最开始一直等待他到来一样。当时钱钟书已经没有了精神说话，眼睛却一直看着杨绛。有些话不用说，心意就懂了，嘴就笑了。"他现在故意慢慢儿走，让我一程一程送，尽量多聚聚，把一个小梦拉成一个万里长梦。这我愿意。送一程，说一声再见，又能见到一面。离别拉得长，是增加痛苦还是减少痛苦呢？我算不清。但是我陪他走得越远，越怕从此不见。"

童话中，美丽的故事总是用"王子和公主从此幸福地生活在一起"结束，却没人愿意讲离别的场景，因为没有一场离别是人所希望的，他们多次分开，又想办法聚在一起，这样聚聚散散一辈子，却从来没有在对方身边待够，就这样守着，就像歌中所唱：愿得一人心，白首不相离……

女儿和丈夫相继离开了，杨绛说："我清醒地看到以前当作'我们家'的寓所，只是旅途上的客栈而已。家在哪里，我不知道。我还在寻觅归途。"她没说过自己有多伤心，没说自己哭了多少次，没说如何悲伤地面对一个人的屋子，她只说要一直找，找到那对失散了的父女，有他们才是家。

"我们仨都没有虚度此生，因为是我们仨。"这句话，她是说给"他们仨"听的，他们都知道彼此的心中所想，是怎样的缘分让他们共度了此生，都在这一句话中了。

她知道自己迟早也要启程，踏上继续寻找的路，已至暮年，她依然写着这一生的事儿，像清点心中的行囊，只为了更轻巧地出发，更快地到达。杨绛说："我心静如水，我该平和地迎接每一天，过好每一天，准备回家。"

如翻译家高莽说的——

有人赞她是著名作家，她说："没有这份野心。"

有人说她的作品畅销，她说："那只是太阳晒在狗尾巴尖上的短暂。"

有人说得到她的一本书总要珍藏起来，她说："我的书过了几时，就只配在二折便宜书肆出售，或论斤卖。"

有人向她恳求墨宝，她说："我的字只配写写大字报。"杨绛不惯于向人赠书，她认为赠书不外是让对方摆在书架上或换来几句赞美的话。

有人请她出国访问，她说："我和钟书好像老红木家具，搬一搬就要散架了。"她说她最大的渴望是人们把她忘记。

出版社的编辑最开始想把《我们仨》制作成为图文书，当时杨绛先生提供了很多照片，足够制作。当编辑读过了这些文字之后，彻底改变了之前的想法，杨绛先生的整本书都是一个整体，似乎像一口气完成的作品，让人不忍心从中打断。

出版的《我们仨》一书，照片都放在了前面，中间便是文字了，让读者一气呵成地看完他们的故事，走过他们的人生。《我们仨》出版后一直都在销售，也一直在加印，更会一直有读者喜欢他们家的故事，喜欢他们仨。

有人好奇，这样的三口之家，谁是主导呢？大家都猜测会是杨绛先生，因为家中对外的事情一直都是杨绛在打理，钱钟书像是被保护起来的人，躲起来专门做学问。但是杨绛先生的回答是 ："不对，不对！我们家的三个人就像万花筒中的三面镜子，你中有我，我中有你。"

二〇〇三年，《我们仨》付梓出版，用她的故事和她的文字感动了一代人。二〇〇四年一月《新闻晚报》刊发标题为《谁是二〇〇三年中国最有影响力的女性人物？》中提到：杨绛——她用《我们仨》感动中国。她也在二〇〇三年度的中国文学人物的评选中，获得本年度"文学女士"。

一年间，《我们仨》销售五十万册，读者的来信从天南海北飞来，诉说着自己被感动的一切和对老人的关心。杨绛先生很喜欢读这些信，但是她说："我没写什么大文章，只是把自己个人的思念之情记录了下来，不为教育谁用。"她从没想过书会不会畅销，只是觉得作为家中最后战斗的一员，她有记录下这一切的责任，她是留下"打扫战场"的那个人。

走到人生边上

在二〇〇五年新年的时候，杨绛因为发烧住进了医院。经过医院的治疗，两天烧便退了，她回到家中便开始动笔写作。题目《走到人生边上——自问自答》是她在病床上想好的，这本书的事随后就一直萦绕在她的脑海中。

她用了两年半的时间，断断续续，记录下这段时间关于人生的很多思考，更多的像经历人生后的反思。

《走到人生边上》分为两个部分，第一部分是论述，后面的部分是关于问题的注释。这本书其实也呼应了四十年之前钱钟书先生的书名《写在人生边上》，之前钱钟书这样感叹：人生据说是一部大书，这书真大！一时不易看完，就是写过的边上也留下好多空白。

走到人生边上，直视生死的大问题。人在世间走一遭，总会走到这一天，有的人浑浑噩噩也是走完，有的人便要思考我为什么来？我怎么证明我来过？

杨绛在纪念三姐姐的一篇文章中提到："人生四苦：'生老病死'。老、病、死，姐姐都算懂一点了，可是'生'有什么可怕呢？这个问题可大了，我曾请教了哲学家、佛学家。众说不一，我至今该说我还没懂呢。"她一直在探索关于生死的问题，每次以为接近了答案，却发现还有更多没有解释的问题。

《走到人生边上》中，杨绛探讨了很多问题，关于神与鬼，关于人的灵魂，关于命运，关于文学，其中还穿插了很多玄幻及命理的相关内容，一切都是思考的产物，也是证明一生真正走过的证据。

关于算命和命理，杨绛应该是将信将疑的，因为之前发生过一些事，让她不得不信。她回忆小时候曾经碰到过一个算命的瞎子，拿她刚刚去世的弟弟的"八字"给他，让他算算，那瞎子掐手一算，就摇头说："好不了，天克地冲。"杨绛将信将疑，又拿她姐姐夭折的孩子的"八字"让他算，瞎子这次算过之后突然发怒了，说："你们家怎么回事，拿人家寻开心的吗？这个孩子有命无数，早死了！"

这瞎子本就不相识，此事实在是不好解释。杨绛没有刻意地学过算命和相关的什么命理，就是偶尔听到一些边边角角的"余料"，并在《走到人生边上》书中略做了介绍。

当然，有些所谓的命理也是不准的。比如，在临出国之前，钱父曾经交给杨绛一份钱钟书的"命书"，所谓"命书"，就是根据生辰八字推算的命数，也可以理解为批八字，关于将来一些大事情的预测。内容大致是这样的：他的妻子会比他小一岁，这个应验了；还说命中没有儿子，这个后来也应验了。不过也有不准的，"命书"上说："六旬又八载，一去料不返。"批语："夕阳西下数已终。"意思是钱钟书只能活到六十八岁，事实上他因病去世的时候已经八十八岁。

到六十八岁那年，钱钟书曾经想起过自己的那个"预言"，问杨绛："我哪年死？"杨绛哄他："还有几年。"就这样岔过去了，他也没再问。

不是每个人都能看懂《走到人生边上》中所要表达的含义，每个人理解的内容也会不尽相同，只因每个人思考的人生存在不同的轨迹。

平静的力量，像黑色的旋涡，让人无法抗拒被吸引，琐事中间方见真挚，用细微之事的控诉，比声泪俱下更让人产生共鸣。

在创作这本书的时候，杨绛已是九十六岁高龄了。

悟性是分级别的，一般级别就是听别人说，自己后懂，智者的悟性则参透先机，以警后人。而杨绛则是将自己身上经历的，和看其他人经历的果实摘下，分享给后来走过这里的每个人。

《走到人生边上》这本书前后创作了两年，杨绛查找了许多读过和未读过的中外书籍作为参考，作为依据。作废的稿子一大摞，才有了这四万多字的《自问自答》，完成了自己跟自己的对话，也完成了自己和自己的斗争，最后寻找到了人生的意义：人生的价值在于修炼灵魂、在于自我完善。

书中，一篇《胡思乱想》里描写的关于灵魂究竟用什么样子去见天堂里的亲人的猜测，让人意外，也让人不禁联想。而最令人唏嘘的是《比邻双鹊》。窗口那对喜鹊夫妇在一年的时间里演绎了多少的悲欢离合！结尾只淡淡一句："过去的悲欢、希望、忧伤，恍如一梦，都成过去了。"

杨绛一直保持着手写创作，只要身体条件允许，她便坐下来写。如果身体不舒服，就静坐思考接下来要怎么写，她越来越珍惜时间。

梦百年 · 寻找回家的路

生活在继续，每天的太阳依旧在东方升起，每天依旧是二十四小时，排着顺序地离去，已过百岁的杨绛先生此时安静地生活在那个家里，平淡而充实。生命的意义到底是什么？活着到底为了什么？明天要怎么过？这些问题，已经不需要答案。

　　她只是平静地生活着，看时间流走，用笔记录下脑中闪过的事，用温柔的态度呵护着生命，就是对已故亲人最大的尊重和怀念。

　　这片天地如此静谧，请求世间的纷扰不要打扰到这里，这里连风都不忍心用力地吹，草也只是安静地长，这里有一位微笑的老人，做着她爱做的事。

母校的思念

　　振华女校在杨绛心中有着十分重要的位置，成为了她抹不去的回忆。百年老校苏州市第十中学前身为名振于东南大地的"振华女中"，学校里有一条"闻道廊"，也被大家称为"圣廊"，它像一本记录历史的册子。这里有很多著名的校友的头像和介绍，其中包括李政道、彭子冈、何泽慧、费孝通，自然也有杨绛。

　　季玉校长很喜欢杨绛，当时吃饭的时候，杨绛也与季玉校长同桌进食，季玉先生总从家里带菜来，让桌上的老师们一人一勺，同学各一勺，自己再一勺，剩下的都给杨绛了。

　　百年校庆之际，众多校友想去探望杨绛先生，不过大家都很担心会见不到她，毕竟老先生已经闭门谢客好多年，很多名人和官员去了都碰了"钉子"。经过联系，杨绛得知是母校来的"朋友"，竟然破了例，让大家十分兴奋。

　　见面的那天上午，杨绛在家突然出了小状况——流鼻血。家中保姆建议她取消下午的见面，但是她执意不肯，她从一早起来就开始坐在桌子面前写当时的"振华校歌"歌词：

　　三吴女校多复多

　　学术相观摩

　　吾校继起

　　德智体三育是务

　　况古今中外

　　学业日新月异

　　愿及时奋勉精进

　　壮志莫蹉跎

　　见到校友之后的杨绛先生十分开心，跟大家一起用家乡话唱起校歌，唱完问大家唱得对不对。大家带来了昔日振华女校的老照片，还带来了苏式糖果糕点和丝绸围巾。大家把围巾给杨绛戴上，要给她拍照，她笑得很开心，照片也是拍了一张又一张。

　　她跟大家聊起了振华，说振华对她来说有一种特别的"味儿"，是一种今后无论到哪里都会带着的"味儿"，这代表了振华人的一种精神。

　　杨绛是老振华女校毕业的最后一批学生之一，那年是一九二八年，学校还位于苏州十全街的旧校址。世上的一切事情都是缘分注定，无论是人与人之间，还是发生在自己身上的事情，都是机缘巧合，最开始到振华读书，是三姑妈杨荫榆的建议。当时杨绛的父亲让杨荫榆给自己的女儿们推荐个学校去读，最开始她推荐的是自己的母校——景海女中。

　　事情发生变化是从几天后的一次演讲，杨荫榆收到当时振华女中校长季玉先生的邀请，这次出访让她改变了主意，她觉得振华比自己的母校还要更好一些，更适合杨绛姐妹去读书。

当时的振华十分破旧，对于见过"世面"的杨绛姐妹来说是很难接受的，像上海启明女中那样的基督学校设备设施和办学条件都是十分优越的，不过在后来的读书过程中，她也慢慢发现了属于振华的优势，让她一生受益。她曾经说："季玉先生办学有方，想方设法延聘名师来校任教，教科书采用外国教科书最新的版本，学业成就是一流的，学风朴实务实。"

读书时候的杨绛便与众不同，有着"清水芙蓉"的性格，文笔的功力也初露锋芒。一九二七年振华女校推出了《振华女学校刊》，在第一期中便有杨绛的五言古诗《斋居书怀》，诗中写道："风响飕飕，岑寂苦影独。破闷读古书，胸襟何卓荦。有时苦拘束，徘徊清涧曲……世人皆为利，扰扰如逐鹿……今日有所怀，书此愁万斛。"

振华对于杨绛的意义十分重大，她不仅在这里做过老师，也做过校长。也是她的努力，让振华的精神和历史没有在战火中中断，在最艰难的时候她一直陪着振华艰难地前行。

如今的苏州振华学校早已不是当初的模样，却处处都有杨绛的气息。校园的西北有梅岭，而梅岭之上有一座己巳亭，杨绛在这边拔过草、捡过砖。她说这是他们那届学生留给学校的一份礼物、一种纪念，这个传统也一直延续下来，现在的每届毕业生都会留下些纪念在母校，作为来过的痕迹，也表达了对母校的一份感恩之心。

对于校友的拜访，杨绛从来都是开心的，她们之间用家乡的语言聊天，聊着关于母校的事，让她感觉很亲切，像又回去了一样。她与外界"约法三章"：不拍照，不带记者，不写文章，对于校友她都很宽容，跟校友们拍照留影。她跟校友们的合影一直被大家很好地保存，在大家心中，这位老者更像是一位见证了学校和自己成长的长辈，和蔼、亲切，那份笑容和苏州巷中的老人没有区别，充满着如阳光般感召的力量。

校园内闻道廊的东口有一座亭，取名君山亭，是为了纪念沈宗翰、沈骊英的长子沈君山而建。他是我国近代著名的农学家，也是振华女校董事会的董事长。在与君山亭相对的是近年学校建造的大型文体馆，以"季康"命名，称为"季康馆"。

杨绛先生对学校的近况都很关心，学校也关心着这位老人的近况。在学校的橱窗里，还摆放着老人生日时候的照片，每个学子都很骄傲地称呼她为"我们的杨绛"，以与她同校为荣。

校友们离开之际，希望杨绛为母校写点什么，她欣然接受。走进书房，在一张大红纸上写下四个字——实事求是，这是季玉校长每次讲话的开头，也是振华人一直追求的精神。书明"季玉先生训话"，题款"杨绛敬录"。最后，杨绛请校友把她对母校的思念带回去，在如今的"季康亭"南面，竖立着一块纪念碑，上面标有杨绛为母校题写的"实事求是"。

一个人的“三人”生活

钱钟书生前出版书籍，都需要自己亲自看过才可以发表。他离开之后，凡是写他的书，杨绛先生都要看过，不对的地方她便会指出，她说：“现在写钱钟书的人很多，这是一个热门题材。汤先生过去只是来信问问题，我一一回答，邮票贴了不少，现在要全部看一遍才能重印。”

人们都羡慕她跟钱钟书的神仙眷侣，想向她讨点婚姻和爱情的秘诀，杨绛说：“我是一位老人，净说些老话。对于时代，我是落伍者，没有什么良言贡献给现代婚姻。只是在物质至上的时代潮流下，想提醒年轻的朋友，男女结合最最重要的是感情，双方互相理解的程度，理解深才能互相欣赏吸引、支持和鼓励，两情相悦。我以为，夫妻间最重要的是朋友关系，即使不能做知心的朋友，也该是能做得伴侣的朋友或互相尊重的伴侣。门当户对及其他，并不重要。”

正是这些最简单的“老话”，却让我们懂得了婚姻和爱情的真谛，理解、包容和欣赏，做伴侣更应该做朋友，做到这些，婚姻和爱情也就自然顺畅了。

薛鸿时是中国社会科学院外国文学研究所研究员，主要学术专长是英国小说，现从事英语文学研究工作。他最开始是在外文所当编辑，先是做中文的相关工作，后来学长发现他英文水平不错，便向他约稿。

一次《世界文学》的李文俊主编要他译一篇美国作家门肯的散文。他反复揣摩，依然没有做好的把握，便怀着一颗紧张的心去请教杨绛先生，希望她能帮自己把把关。他带着译完的稿子来找杨绛先生的时候，她欣然同意，抽出时间看他的译文，并在下面写下一些她的意见。

原文中第一句他习惯用"总之"开头，觉得正好与原文"in brief"对上，但杨先生提出意见，"总之"只能用于总结上文，而原文是对别人提问的书面答复，意思是"你所问我的话，扼要地说……"薛鸿时照她的建议修改了文章的开头。发表之后，薛鸿时意外接到了一封信，来自《作家》杂志王成刚主编，他在信中称赞这篇译文给了他"极大的艺术享受"，后来还有多位专家把它选在几种外国散文选里，杨绛先生的意见成了他的点睛之笔。

对于年轻人，杨绛先生总会给予力所能及的帮助，也会给一些善意的告诫。有个年轻人高中毕业的时候给杨绛先生写了一封长信，主要表达自己对她的仰慕之心，也倾诉了一下他自己的烦恼。杨绛先生给他回信了，除了寒暄和鼓励话，信里其实只写了一句话："你的问题主要在于读书不多而想得太多。"

杨绛先生的作品，像是一个放大镜，可以透过一个故事看透一个时代，一句话可以点透一个人生。一个微观的故事，讲的却是一个宏观的时代，她用她的笔，记录下属于那个时代的特征。

在她那些记录时代变迁的作品中，虽然社会充满了战争和血腥，但是作品中你却读不到一句哭诉和抱怨，她只是淡淡地描写着属于她的生活，讲述着故事中人物经历的荒谬和无奈。

　　杨绛不承认自己是"大"家，觉得那些文学家、翻译家的名头不属于她，只是觉得自己干了一些本职工作，杨绛笑言自己"一事无成"。

　　很多媒体想采访杨绛，现在她耳朵有些背，听不清的时候便要对方写下来，她能看到。对于大家对她的关心，她说"很好，很乖，虽然年老，不想懒懒散散，愿意每天都有一点进步"。

　　她还在每天写小楷，抄写钟书的《槐聚诗存》，好让她"感觉每一天都是新的，每天看叶子的变化，听鸟的啼鸣，都不一样"。

　　有人问她，这么多年也写了很多东西，现在也一直在写，最满意的作品是哪个呢？她只说："阿圆是我平生杰作。"

　　在杨绛先生一百〇二岁这年，人民文学出版社汇集了杨绛先生迄今为止最全面的作品集《杨绛文集》，其中包括之前创作的话剧、散文及翻译作品。还收录了《钱钟书离开西南联大的实情》、《怀念陈衡哲》等新文章。杨绛先生亲自撰写了《作者自序》、《杨绛生平与创作大事记》，还提供了一些珍贵的图片资料。作为纪念她从事文学创作七十周年的作品集，它用一本书记录了一个时代人们对文学的追求。

　　这部作品集共计两百五十余万字，前四卷为杨绛先生创作的作品：第一卷为小说部分，收录了之前的长篇小说《洗澡》及七篇短篇小说；第二卷、第三卷为散文部分，包括了《干校六记》、《将饮茶》、《杂写与杂忆》等，《钱钟书离开西南联大的实情》、《怀念陈衡哲》、《我在启明上学》是杨绛先生近年来的作品，也是第一次出现在读者的眼前；第四卷则为戏剧作品及名作分析类的文章，包括《称心如意》和《弄真成假》。

　　第五至八卷为杨绛先生的翻译作品，包括了《堂吉诃德》、《吉尔·布拉斯》、《小癞子》、《斐多》等。

卷尾的一篇《杨绛生平与创作大事记》，是杨绛先生根据自己回忆和记录撰写的，它按照顺序记录了杨绛先生一路走来的作品，某种程度来说它相当于一部微型的杨绛传记了，里面很多照片都是第一次发表，让人全方位地了解杨绛先生的一生。

《杨绛文集》看似全面，但是杨绛先生却说，这不会是自己创作的终止，她说，只要身体健康，还能支撑自己拿起笔，那她还会继续写，写到最后。

出版社邀请杨绛去参加她本人的作品研讨会，她拒绝了。她说："我把稿子交出去了，剩下怎么卖书的事情，就不是我该管的了。"出新书她也不宣传，她说怕误导了读者，本不想买这书的却买了，这样不好。

窗外的蓝天

　　杨绛一生朴素，却从不吝惜帮助别人。同院子的人如果遇上什么困难，她便会主动地提供帮助。她的版税都捐了出去，自己只靠退休金生活，她的退休金并不多，但是她帮助的人却不少，都是一些遇到困境的年轻人，有些人是从钱钟书还在的时候就开始帮助，持续了好多年。有一次朋友去他家，看她穿的鞋还挺别致，她说是钱瑗的，当时朋友都快哭了，面对这样一位老人，一切困难似乎都变得可以轻描淡写。

　　至亲离开后，杨绛当着外人的面几乎没有流过泪，那段时间她的身体非常不好，走路都只能扶着墙壁，虽然在外人面前坚强，可晚上却只有吃了安眠药才能入睡。安眠药的购买是有限制的，她吃的量却很大，亲戚们便帮助她买，大家看到瘦弱的杨绛先生都心疼不已，却又什么都做不了。

　　那时，她还没有深居谢客。有人来拜访之前，大家都要提前跟保姆约好时间。时间是不能太早的，因为杨绛需要梳妆整理一下。她一生朴素，衣服大多是之前买的，虽然不新，却十分干净整洁，有气度。那种感觉不是一朝一夕可以练出来的，而是经过岁月沉淀下来的。无论何时你见到她，她总是那样温文尔雅地出现。两条高挑的眉总是让人感觉很精神、很坚毅。钱钟书在家的时候，家里来客人，他常常背心短裤就见客，杨绛总是给人一种穿戴整齐的感觉。

杨绛一直很健康，每天很好地打理自己的事，对于外界的事很少关心，时至杨绛一百岁生日的时候，按照老家无锡的传统，有"做九不做十"的说法，所以杨绛在二〇一〇年七月十七日的生日已经过了一百岁寿诞。当时，钱钟书的堂弟钱钟鲁先生提前问过她，百岁大寿想怎么办？电话中杨绛告诉他：各自在家为她吃上一碗寿面即可。于此，我们不必过多打扰她。

如今，三里河的家，依然安静，这里都是三层的旧楼。杨绛把这间寓所称为"人生的客栈"，所有的欢乐和悲伤都是过往，所有的人也都成了过客，此时已经没人可以打扰她平静的内心。去过的人说，只有她一家没有把阳台封起来，有人问她为什么。她说："为了坐在屋里能够看到一片蓝天。"她在书桌前看书的时候，倦了就抬头看看外面，屋里的装饰依然简单。依然是最初的水泥地面、旧式的钢窗、粗布的沙发。

天花板上还有几个手印，据说，那还是钱钟书在世的时候杨绛换灯泡留下的印记，当时她也已经是七十多岁的老人，因为太高，她搬了个桌子，上面放了个凳子，凳子上又放了个凳子……

政府曾主动要给她装修装修房子，但是杨绛先生拒绝了，"虽说是国家的钱，到底是老百姓的，所以不要破费"；虽然她身在简室，却以天下为念。

她的客厅里的墙上还挂着"我们仨"的照片，从左至右：杨绛、钱瑗、钱钟书。时间，没有带走一切……

一个世纪的风风雨雨，一个瘦小的身影撑起了整个家庭，也撑起了一代文学人的脊梁。

低调的处世方式让她和钱钟书挺过了很多风风雨雨，她和钱钟书的处世方式是属于他们的人生智慧，她拒绝了中国社科院为钱钟书诞辰一百周年的学术研讨会，因为她记得钱钟书的嘱托，"不搞任何形式的纪念会"。

淡泊名利，可能不足以形容"文人的傲骨"，杨绛却很钟情她跟钱钟书的纯净的世界，外面的纷纷扰扰从来都不与他们相干。与其他作家相比，阅读她的文章，像与她本人面对面交谈，很容易便可以跟她接近，也能了解到那一代知识分子命运的变化，一个时代的历史变迁。

过了百岁的杨绛，依然坚持每天读书，吃得很清淡，睡得很少，晚上一点半睡，早上六点半就起了。平时都在房间里锻炼身体，较少下楼，可能是怕遇到熟人难免的寒暄，她很珍惜自己的时间。

她每天要走七千步，在室内来回走，为了方便计数，她在身上带着七支铅笔，每走一千步就放下一支，就很方便记住已经走了多少步了，也得益于她坚持锻炼，虽然已过百岁，除了听力稍差，身体依然硬朗，步履轻盈。

她现在很严格地控制着每日的饮食，尽量不吃油腻的东西，却喜欢买大棒骨来熬汤，将骨头敲碎，然后用熬制的汤来煮木耳吃。这个习惯她尽量每天都保持着，身体还算硬朗，大雁气功也坚持在做，如果天气好的时候会去树下散步，得力于她心中的平静与淡泊，生活还要继续。

她已经是一位百岁老人了，过着普通生活的老人，身体也会偶尔出毛病，她也都积极配合治疗。耳朵听力有些背，视力也下降了，所以已经闭门谢客。偶尔会有认识或不认识的朋友打电话到家里，她总会温和地聊几句，然后说她的胳膊有些酸了，每个人听到这样的话都会心疼她吧，人们真的不需要再打扰她的生活了。让她读读书，安静地思考，看看每天的太阳，这就是对她的关心了。

她总说："钱先生和阿圆都走了，我的路也走完了。"让人听了很揪心，也会心疼这位坚强的老人。

杨绛的心中对于死亡这件事没有了恐惧，她把那叫作"回家"，因为她至亲至爱的两个人正在等待着她"打扫战场"结束之后的归来，像之前一样，他们父女俩只负责弄乱屋子，杨绛负责跟在他们后面打扫。多么温情的画面。

也许只有经历过人生的大波澜，才更珍惜平静带给人心灵的安稳。生活是自己的。杨绛写下的文字，从来不见疼痛和凄凉，有的只是温暖和美好。像一双手，总能在你需要的时候，握紧你。

阅读会让人拥有一种力量，安详又坚毅！杨绛的文字让人体会到人性最初的纯净和美好。在杨绛翻译的《斐多》中，我们可以清楚地体会到，这位经历了人生最大磨难的老太太，用她瘦小的身体重新站了起来，用她的笔继续为我们带来来自书本中的精神食粮。

在这位老人身上，时间收起了它的残酷，百年又温馨而漫长，因为每一天，她都用心地度过。过去的每一天，她都用家庭给予她的爱前进着，今天的她也是如此，依然拥有那份柔韧、豁达、独立、低调、温暖……

我们应该保留对杨绛先生的敬仰之心，将一切都化作祝福，希望她身体健康。

后 记　百年岁月，宁静如茶

我们都尊称她为杨绛先生，称呼女性为先生是从五四运动之后开始的，当时全社会提倡男女平等，一些杰出的女性都被尊称为"先生"，因为杨绛一生的贡献，这声"先生"称呼得不足为过。

每年的七月十七日，越来越多的人将目光注视到这位百岁老人身上，在这个浮躁的社会，人们越来越怀念那种单纯的美好。晚年的杨绛先生，给人一种雅静、博学的感觉，她的一生也有很多种身份，是文学家，是翻译家，是女儿，是母亲，她最骄傲的称呼便是，钱钟书的夫人。不写钱钟书的杨绛是不完整的，没有杨绛的钱钟书也就不是钱钟书了。

当时光流逝，生活褪去最初的华彩，逐渐呈现初始面目，她不再是当初不识柴米油盐的苏州小姐，他也不再是古月堂前吟诗作赋的翩翩少年。书香门第的才子与出身名门的佳人，两个人携手组成了一个家庭。著名华裔文学理论家夏志清曾盛赞道，整个二十世纪，中国文学界再没有一对像他俩这样才华高而作品精，晚年同享盛名的幸福夫妻了。

时光打磨了这个世界，生活在最后终究会褪尽芳华，暴露它真实的面目。苦难和疾病改变了很多，也带走了很多，依然留存的，是属于杨绛先生的"风骨"，是一种精神，在支撑她做好钱钟书留给她的最后一项任务。

　　她总说自己是个〇，〇是一切的起点，也是同类的末尾，她只希望自己是最初最本真的那个人，便可省去那些浮华的事物，从头做自己喜欢的事。

　　百年时光，弹指一挥间，岁月不在，却难掩风华。已过百岁的杨绛先生，依然坚持读书，坚持写作，用她惯用的方式纪念逝去的亲人，为了他们"好好活"。

　　杨绛先生说到给自己出传记时的态度，继续了她一贯低调的作风。她说："我不值得传记作者为我立传，但我也不能阻止别人写我的传记。不相识、不相知的人如有意写我的传，尽管对我的生平一无所知，只要凑足资料，能找到出版社，就能出书。不过，并没有几个人为我写传。"

　　人生就像一场冒险，婚姻也像一场充满刺激的旅途，不知前方等待自己的，是否和自己日夜期盼的一致。百岁老人，看过多少潮起潮落、人事变迁，也许百岁就是走到了人生的边缘，不知道前方到底还有多少步能走，但是每天都在准备着那一步。杨绛先生这百年生活当中，说过很多让人意味深长的话。"如要锻炼一个能做大事的人，必定要叫他吃苦受累，百不称心，才能养成坚忍的性格。一个人经过不同程度的锻炼，就获得不同程度的修养，不同程度的效益。好比香料，捣得愈碎，磨得愈细，香得愈浓烈。"杨绛先生的一生也是如此磨炼过来的，虽然"百不称心"，却学会了坚忍，也学会了为默存而"默存"。